대박땅꾼 전은규
훔쳐서라도 배워야 할 부동산 투자 교과서

대박땅꾼 전은규

훔쳐서라도
배워야 할

부동산
투자 교과서

소액 편

전은규 지음

한국경제신문 *i*

막막한 부동산 투자의 첫걸음을 내딛은 이들에게 한 줄기 빛이 되길…

대한민국의 부자가 되고 싶어 하는 욕망이 지금의 강남을 만들었다고 봐도 과언이 아니다. 강남의 눈부신 발전에는 부동산이 빠질 수 없고, 지금도 우리 경제 속에서 부동산의 영향력은 가히 절대적이라고 생각하는 바다.

소위 대한민국의 자산가들이라 불리는 이들 역시 부동산으로 부를 축적했으며, 이들은 대부분의 자신의 자산을 부동산을 통해 키워나가려고 하는 성향이 짙다. 그 증거로 서점 판매대 위의 다양한 부동산 투자 관련 서적과 무수한 부동산 세미나, 그리고 이제는 블루오션이 아닌 레드오션이 된 경매 법정의 모습이 그러하다.

나는 이러한 사회분위기 속에서 부동산 투자를 처음 시작하는 이들에게 기본서가 필요하다고 늘 생각했다. 실질적으로 필요한 배경지식과 실전에서 취득할 수 있는 꼭 필요한 경험을 다룬 그런 지침서가 초보자들에게는 꼭 필요한 것이다. 그것은 이론으로만 가득해 딱딱해서도 안 되고, 허황된 꿈만 꾸게 해서도 안 된다. 그러나 그런 책은 흔히 볼 수 없었고 그래서 늘 아쉬웠다.

다행스럽게도 그런 나의 바람은 대박땅꾼이라는 순박한 얼굴을 한 저자의 이번 책을 만나며 한시름 놓은 듯하다. 토지, 경매, 수익형 부동산을 다루었으나, 필요한 지식 이상의 것은 넣지 않고 그가 실전에서 깨달았던 금과옥조 같은 경험담들을 이야기한 이번 책은, 시작이 막막한 초보 투자자들에게 '교과서'가 되기 충분할 것이라 믿는다.

10여 년 전, 지금 이 책을 집어든 독자와 마찬가지로 부동산 투자에 뛰어든 한 젊은이는, 토지 투자를 시작해 수익형 부동산까지 아우르는 실전 투자 전문가로 성장했다. 그리고 그의 값진 오늘날 성공은 경매를 통한 무수한 경험이 밑거름으로 존재했다고 들었다.

만날 때마다 느끼는 성실한 마음가짐과, 여러 전작들에서 엿볼 수 있었던 저자의 열정과 눈부신 성장은, 내가 소신 있게 독자들에게 이 책을 추천할 수 있는 큰 계기가 되었다.

이제 막 걸음을 떼어 불안감으로 가득할 초보 부동산 투자자들이라면, 그 시작을 이 책과 함께한다면 그것이 충분히 해소되리라.

얼어붙은 경제난 속에서 방황하는 이 책의 독자들과, 대박땅꾼 전은규 소장의 미래도 새봄을 맞아 더욱 아름답게 활짝 피어나길 기원하는 바다.

송충근
한국부동산경매사 협회장

청년실업률이 10%에 육박한다. 은퇴가 진행 중인 베이비붐 세
대들의 노후도 준비되어 있지 않다. 그래서 청년과 베이비붐 세대
의 창업이 붐이다. 하지만 치킨집을 창업해봤자 다른 경쟁자들과
치킨게임(chicken game)을 펼치며 한숨만 깊어간다. 이와 같은
암담한 현실에서 부동산 투자는 이제 선택이 아닌 필수가 되었다.

필자는 금수저가 아니었다. 그렇다고, 인맥이 많은 것도 아니었
다. 그래서 지금의 청년들처럼 취업을 위해 수많은 회사에 원서를
접수해야 했고, 절망하기를 반복했다. 결국 전공과 상관없는 영업
직에 지원하고 나서야 작은 신문사에 입사할 수 있었다. 하지만 그
마저도 평생직장이라고 자부 할 수 없는 회사였기에, 젊은 필자의
미래를 올인할 수는 없었다.

당시 암울했던 현실을 벗어나기 위해서 새로운 돌파구가 필요했
는데, 필자가 선택한 돌파구는 일반인들이 쉽게 접근하는 창업이
아니라 부동산 투자였다. 그저 집 한 구석에서 굴러다니던 책 한
권을 통해 부동산 투자에 매료되었고, 당장이라도 부자가 될 수 있
을 듯한 설렘으로 심장이 터질 듯 불타올랐다. 그런데 막상 현실은

금방이라도 부자가 될 것만 같던 의욕을 뒷받침하지 못했다. 사회 초년생이라 투자자금도 부족했고, 직장인이기에 현장답사를 마음 내키는 대로 갈 수 없었다.

우리네 인생사가 그렇듯이 포기하지 말고 궁리한다면 방법은 얼마든지 찾을 수 있다. 필자가 선택한 방법은 '쪼개기'였다. 영업직이라는 직업적 특성을 살려 시간을 쪼개 차를 끌고 각종 부동산 세미나와 현장을 찾았다. 행여 투자자금이 부족해 원하는 부동산에 투자하지 못할까 걱정 돼, 밥값 7천 원을 아끼려 삼각김밥 하나로 식사를 때우기가 일수였다. 그나마 삼각김밥이라도 먹는 날은 다행이었다. 회사업무와 현장답사를 병행하느라 시간에 쫓겨 하루 한 끼 못 먹은 날도 허다했다.

투자자금도 사채만 안 썼을 뿐이지, 친구들은 부모님께 용돈을 드리는 다 큰 나이에 염치없이 연로하신 부모님께 손을 벌려야 했고, 신용카드 현금서비스와 마이너스 대출까지 받아야 할 정도로 자금이 부족했다. 그렇게 힘들여 모은 3천만 원의 첫 투자자금으로 현재에 이를 수 있었다. 지금 생각해보면 잠잘 시간 역시 늘 부족할 정도로 피곤한 생활이었지만, 어째선지 쌓여가는 등기권리증을 꺼내보면 피곤함도 눈 녹듯 사라지곤 했다.

하지만 필자가 가장 힘들었던 것은 부족한 투자자금도, 시간적 여유도 아닌 부동산 투자 노하우였다. 투자 고수들이 말하는 '부동산 안목'이라는 것이 대체 무엇인지 도통 알 수 없었다. 시간은 만들면 되고, 돈은 어떻게 해서든 마련한다고 해도, 부동산 안목이 없어 힘들게 모은 돈을 허공에 날려버리는 것은 아닌지 늘 불안했다. 그래서 기웃거린 유명 부동산 투자 학원만 수백 곳이었고, 몇 번 씩 읽어 외울 지경이 되어버린 책들은 작은 도서관을 차릴 정도로 늘어나 있었다. 그럼에도 부동산 안목에 대한 타는 듯한 목마름은 가실 줄 몰랐다.

결국 필자는 직접 부딪혔고, 그 과정에서 남들은 꿈도 꿀 수 없을 몇 백만 원으로 대박을 터트리기도 했지만, 지금도 생각하면 속이 쓰릴 정도의 비싼 수업료를 내면서 실패를 맛보기도 했다. 그러던 어느 날 어린 시절 친구와 만남을 가졌다. 당시 친구는 부동산 재테크를 통해 큰돈을 잃었다고 말했다. 친구는 좀 더 나은 삶을 살고 싶어 시작한 투자가 오히려 가족들의 삶을 피폐하게 만들었다며, 가족들에 대한 미안함으로 눈물을 흘렸다.

그 눈물을 보며 필자는 정말 많은 생각을 했다. 부동산 투자는 그저 '재테크'가 아니라 인생을 바꾼다는 사실을 절절히 깨달았다.

첫 투자에 수익을 냈고, 몇 번의 실패는 있었지만 대부분 큰 수익을 얻어 스스로도 모르게 부동산을 '만만히' 보고 있었다는 사실도 깨달아, 얼굴이 빨개졌다. 그날 이후 다짐을 했다. 나중에 투자 전문가가 된다면 초보 투자자들이 실패를 피할 수 있는 교과서를 만들겠다고 말이다. 하지만 바쁘다는 핑계로 약 10여 년이 흐른 지금에서야 나와의 약속을 지킬 수 있게 되었다.

이 책이 독자 여러분의 미래에 큰 변환점이 될 수 있기를 희망한다. 적어도 맨몸으로 부딪혀 상처입지 않도록 우산 같은 책이 되기를 간절히 바란다. 더불어 이 자리를 빌려 내 마음을 전하고 싶다. 오랜 시간을 함께 부동산 현장을 뛰고, 운영에 힘써준 '대박땅꾼부동산연구소' 가족들이 없었다면 필자의 지금은 있을 수 없었을 것이다. 그리고 원고 집필에 크나큰 도움을 주고 마지막까지 함께 고민해주신 토지뉴스의 김하나 기자님, 출판에 도움을 주신 '한국경제신문사 한경BP'의 고광철 대표이사님 이하 임직원 여러분, 기획과 제작에 힘써주신 '㈜두드림미디어'의 한성주 대표이사님께 진심을 담아 감사의 마음을 전하며 마친다.

소장 전은규
대박땅꾼부동산연구소 소장

PART 05   **대박땅꾼이 추천하는 소액 투자 지역**

Part 01

응답하라,
소액 투자!

Chapter 01

절망적인 미래, 소액 투자는 선택이 아닌 필수

대학 졸업을 앞 둔 20대 초반의 필자에게 희망은 없었다. 신문방송학을 전공했는데 평점 3점을 턱걸이했기에 매번 서류전형에서 고배를 마셨다. 그런데 요즘 신문과 뉴스를 보면, 필자보다 뛰어난 스펙의 20대 젊은이들이 필자 때보다 더욱 희망없는 하루하루의 삶을 살고 있는 이들이 많다고 한다. 20대들에게 이제 희망이란 사치가 되었으며, 희망을 가지기는커녕 인생의 많은 것들을 포기한다. 그래서 연애, 결혼, 출산을 포기한다는 의미의 '3포세대'라며 자신들의 처지를 비관한다고 한다. 심지어 연애, 결혼, 출산, 인간관계, 집을 포기한 '5포세대'와 연애, 결혼, 출산, 인간관계, 집, 꿈, 희망을 포기한 '7포세대'라는 신조어까지 생겨났다고 한다.

암울한 현실은 비단 젊은이들의 문제만이 아니다. 우리나라를 선진국 반열에 올려놓은 주인공들인 베이비붐 세대들에게도 곳곳에서 경고음이 울려대고 있다. 베이비붐 세대란 일반적으로 1955년부터 1964년까지 출생한 약 900만 명을 말한다. 그리고 1979년생까지의 인구가 줄지 않는다는 이유에서 1955년부터 1979년까지 출생한 이들을 베이비붐 세대로 보는 경우도 있다. 그런데 현재 우리나라는 베이비붐 세대들의 본격적인 은퇴가 진행 중에 있다.

베이비붐 세대의 문제는 은퇴만이 아니다. 가장 심각한 문제는 수명의 연장이다. 불과 반세기 전만 하더라도 60살까지 생존한다는 것은 대단한 경사였다. 그래서 자식들은 부모님이 60살까지 생존하실 경우 빚을 내서라도 환갑잔치를 성대하게 치르곤 했다. 하지만 요즘은 어떤가? 성대하기는커녕 환갑잔치를 찾아볼 수가 없다. 그냥 가족끼리 모여 조촐하게 식사를 할 뿐이다. 이는 의학의 발달로 평균수명이 연장되어 60살은 이제 경로자 우대석에도 앉기 힘든 젊은이가 되었기 때문이다.

의학계에서는 2040년이 되면 우리나라 국민의 평균 수명이 90세가 될 것으로 예상한다. 그렇다면 이미 은퇴를 시작한 베이비붐 세대의 맏형 격인 1955년생을 기준으로 살펴보자. 2016년 이들의 현재 나이는 62세로, 2040년에 평균 수명이 90세가 된다는 가정 하에 이들의 잔여 수명을 예상해보면 앞으로 28년을 더 생존해야 된다. 문제는 은퇴 후 30년에 가까운 노년기 동안 무엇을 어떻게 하며 보내야 행복하게 지낼 것인가 하는 것이다. 행복하게 지내기 위해서는 건강과 가족, 자아실현과 사회활동 등이 수반되어야 하는데 그 바탕에는 경제 활동을 얼마나 더 할 수 있을 것인가가 가장 중요한 관건이다.

쉽게 표현하면 은퇴 후 남은 인생에 사용할 돈이 있느냐는 것이다. 베이비붐 세대들이 청년이었던 시절에는 특별한 효자가 아니더라도 장남이 부모님을 부양하는 것이 당연한 도리였다. 그러나 지금은 어떠한가. 3포세대 아니 7포세대인 자기 앞가림조차 못하는 젊은이들이 부모님을 모신다는 것은 물리적으로 불가한 상황이다. 심지어 요즘에는 나이 서른이 넘도록 연로한 부모님의 주머니를 털어 용돈을 쓰는 자식들도 허다하다. 설사 낙타가 바늘구멍을 지나기보다 힘들게 대기업이나 공무원 시험에 합격해 부모님을 모실 수 있는 경제적 여력이 있다 할지라도, 요즘 선뜻 부모님을 모실 것이라고 말할 수 있는 젊은이는 아마 존재하지 않을 것이다. 또한 자식과 함께 살고 싶지 않다는 것은 부모님이 된 베이비붐 세대들도 마찬가지다.

이렇게 보면 베이비붐 세대보다 불쌍한 세대는 없다. 당신들은 당연히 부모님의 노후를 책임졌음에도 당신들의 노후는 어디서도 보장받을 수 없기 때문이다. 그런데 더 큰 문제는 베이비붐 세대들의 노후가 준비되어 있지 않다는 것이다. 모 연구소의 통계자료에 따르면 노후준비에 대한 물음에 '준비되지 않음'으로 답한 베이비붐 세대는 78.4%로 대다수가 부정적인 응답을 했다. 은퇴자금 준비 정도에 대해 질문한 결과 역시 '충분히 마련됐다', '저축 또는 투자 중'이라는 긍정적인 응답비율이 하락해 부정적으로 나타났다고 한다.

당신이 살고 있는 집 한 채라도 가지고 있어 역모기지(특별한 소득원이 없는 65세 이상 고령자들이 보유하고 있는 주택을 담보로 제공하고 금융기관에서 매월 일정액을 연금 형식으로 받는 대출상품)를 이용해 풍족하진 않더라도 남은 생 따뜻한 밥이라도 굶지 않는 생활을 할 수 있다면 그나마 형편이 나은 편이고, 자식들의 학자금과 결혼비용으로 집 한 채 마저 없는 상황이라면 눈앞이 깜깜한 상황일 것이다.

한 대학 연구소의 베이비붐 세대 통계자료에 따르면 평균 자산은 3억 4,236만 원으로 이 중 81.9%가 부동산 자산이라고 한다. 그러나 높은 가치의 부동산을 가지고 있어도 금융자산이 부족하다면 갑자기 필요한 병원비 등 생활 적자에 직면할 수 있기에 유동성 확보를 위한 다양한 노력을 필요로 한다. 통계자료에 따르면 베이비붐 세대의 월평균 생활비는 259만 원으로 지출내역 중 자녀교육비가 전체 지출의 33.5%를 차지하는데, 독립해 살고 있는 성인 자녀가 있는 비율이 큰 폭으로 증가해도 자녀에게 정기적으로 경제적 지원을 하고 있는 비율 역시 증가했다고 한다. 이는 성인 자녀들이 경제적 독립을 이루지 못했다는 결정적 증거다.

그래서 결국 베이비붐 세대들은 창업전선에 뛰어들고 있다. 물론 베이비붐 세대들의 창업이래봐야 대부분 자신의 노동력을 제공해 인건비나 겨우 건지는 식당 등의 요식업과 자영업이 전부다. 답답하니까, 무엇이든 해야겠기에 선택한 요식업과 자영업이지만 안타깝게도 통계들을 살펴보면 요식업과 자영업의 70%가 단 몇년 만에 실패한다고 한다. 그렇다고 실패하지 않은 30% 모두에게 성공이 보장되는 것 또한 아니다. 20%는 현상유지일 뿐이고 그 외 나머지 10%만 겨우 성공한다고 한다.

통계청의 '2014년 기준 전국사업체조사 잠정결과 보도자료'를 살펴보면 2014년 말 전국 사업체 수는 381만 7천 개로 2013년보다 3.8%(14만 390개) 늘었다고 한다. 이 조사 결과에서 주목할 만한 부분은 20대 대표 사업체가 24% 가까이 급증한 점과 60대 이

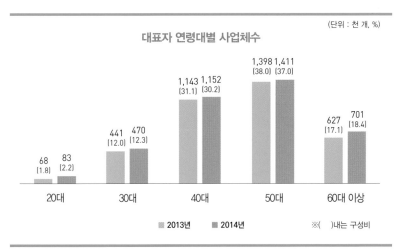

출처 : 통계청, 2014년 기준 전국사업체조사 잠정결과 보도자료

(단위 : 개, %, %p)

대표자 연령대별	사업체수					구성비		
	2013년 (A)	2014년 (B)	증감 (C=B-A)	증감률 (D=C/A)	기여율	2013년 (A)	2014년 (B)	증감차 (C=B-A)
합계	3,676,876	3,817,266	140,390	3.8	100.0	100.0	100.0	
10대(20세 미만)	203	269	66	32.5	0.0	0.0	0.0	0.0
20대(20~29세)	67,365	83,230	15,865	23.6	11.3	1.8	2.2	0.3
30대(30~39세)	440,893	469,686	28,793	6.5	20.5	12.0	12.3	0.3
40대(40~49세)	1,142,932	1,151,633	8,701	0.8	6.2	31.1	30.2	-0.9
50대(50~59세)	1,398,135	1,411,129	12,994	0.9	9.3	38.0	37.0	-1.1
60대이상(60세 이상)	627,348	701,319	73,971	11.8	52.7	17.1	18.4	1.3

출처 : 통계청 2014년 기준 전국사업체조사 잠정결과 보도자료

상이 대표인 사업체는 11.8%가 증가해 평균 증가율인 3.8%를 압도했다는 사실이다. 최근 몇 년간 창업 시장을 주도했던 50대 베이비붐 세대의 창업 열풍이 20대와 60대까지 확대된 상황이다.

20대와 60대 이상의 창업자들이 가파르게 증가했다는 사실은 20대는 취업난의 돌파구로 창업에 적극 나섰다는 얘기고, 60대 이상은 100세 시대를 맞아 은퇴 후에도 지속적인 수익 창출이 필요해졌으나 당신들을 위한 일자리가 많지 않기에 창업에 적극적으로 뛰어들었다는 얘기다. 일자리 찾기가 하늘의 별 따기인 요즘 창업행렬이 은퇴 시기인 60대 베이비붐 세대까지 번지고 있는 것이다. 100세 시대 그냥 은퇴하기에는 요즘 60대가 너무 젊기도 하거니와 자식들 눈치 보지 않고 떳떳한 노년을 보내려는 이들이 많아졌기 때문이다.

20대는 취업 실패의 고육지책으로 창업을 선택한 것으로 보인다. 20대의 경우 카페·음식점·옷가게 등 비교적 창업이 쉬운 일부 업종으로의 쏠림현상이 심한데, 적은 비용으로 창업을 하는 경우가 많아서 점포의 위치부터 이미 다른 세대들에 비해 불리하고, 결국 빠른 폐업으로 이어진다고 한다. 특히 20대 창업 업종의 분포를 살펴보면 거의 80% 가까이 외식업종에 집중되었는데, 진입 장벽이 낮다는 것은 경쟁이 과열된 업종이라는 것이기에 그만큼 실패로 이어질 확률이 높다. 이처럼 회사를 그만둔 베이비붐 세대와 취업에 실패한 청년들은 생계유지를 위한 마땅한 대안을 찾지 못해 도소매와 요식업 등 진입 장벽이 낮은 업종의 창업으로 돌파구를 찾아보려 하지만, 아쉽게도 대부분이 사업 실패로 퇴직금을 고스란히 날리거나 빚더미에 시달리고 있다.

상황이 이렇다 보니 제2의 '캐시 플로우(Cash Flow)'를 만들어야만 되는 절망적 시대로 접어든 것은 분명한 사실이다. 지금 이 책을 읽고 계신 독자분이 20대이건 아니면 60대 베이비붐 세대이건 이제 소액 투자는 선택이 아닌 필수가 된 것이다.

Chapter 02

금수저가 된다는
희망을 꿈꾸다

필자 역시 젊은 시절 한때 희망이라곤 찾아 볼 수 없는 하루살이 인생을 살아 왔다. 그러나 지금 필자에게는 20년 후 3,305,785 m^2(100만 평) 지주가 될 것이라는 원대한 포부가 있다. 그렇다고 현실성 없는 막연한 희망이 아닌 실제 이루어질 구체적인 계획들이다. 뚜벅뚜벅 걸어온 부동산 투자 전문가의 인생은 이제 희망이 없는 이들에게 희망을 만들어 줄 수도 있게 되었다. 이렇게 필자의 인생이 송두리째 바뀐 계기는 무엇일까?

희망 없던 필자의 인생을 바꾸어 주고, 젊은 시절의 방황을 끝내게 해준 것은 부모님도, 선생님도, 선배들도 아닌 단 한 권의 책이었다. 어느 날 우연히 아버지의 책들 사이에서 발견해, 선물받게 된 책 한 권을 접하고 희망을 가질 수 없던 삶이 송두리째 바뀌었다.

필자가 처음 토지 투자에 입문하게 된 계기는 필자의 고향이 투자 유망지로 소개된 책 때문이다. 그야말로 논·밭만 있는 곳인데 돈이 된다는 소리에 정신이 번쩍 들었다.

그렇게 아버님께 선물받은 책 한 권을 정독하고 나서 참을 수 없는 설렘과 심장이 터질 것 같은 희망을 가지게 되었다. 그 후 매주 한 권 이상의 부동산 관련 서적들을 정독했고, 책장에 꼽혀있는 책들이 늘어날수록 쌓여가는 지식과 비례해 희망 또한 커져갔다. 물론 통장의 잔고까지 더불어 늘어갔다. 그래서 지금까지도 매주 한 권 이상의 부동산 투자 관련 서적들을 읽으며 희망을 키워가고 있다.

그러나 희망을 싹틔워준 것이 비단 책뿐만은 아니다. "구슬이 서 말이라도 꿰어야 보배"라고 책을 통해 습득한 지식을 현장에 가서 확인해보고 용기 내어 투자를 실행해야 한다. 힘들게 모은 소액 종자돈으로 충남 보령의 농지에 투자했고, 이듬해에는 수도권 지역의 빌라 등 수익형 부동산에 투자를 했다. 그런데 중요한 것은 중간에 힘든 일이 있더라도 포기하지 않고 지금껏 10년 이상 꾸준히 투자를 하고 있다는 것이다.

오랜만에 만나는 친구들은 하나같이 "요즘에 ○○지역 어떠냐?", "괜찮은 중소형빌딩 투자할 곳 없을까?"라며 묻곤 한다. 그러면 필자는 "부동산에 투자를 하고 싶다면 최대한 도와줄 것이니 세미나에 참석하든지, 답사를 같이 가보자"라고 답변한다. 하지만 그네들은 한결같이 바쁘다는 핑계로 세미나 참석이나 답사를 갈 수 없다고 한다. 그래서 그네들에게 부동산 투자를 적극적으로 권하지 않는다. 부동산 투자는 어느 정도의 지식을 갖추고, 많은 시간을 들여 관심을 가져야만 나에게 수익으로 보답하기 때문이다. 그럼에도 그러한 과정을 생략하고 수익만 얻으려 하는 그들이기에 부동산 투자를 적극적으로 권하지 않는 것이다.

하지만 한편으로는 그들의 말도 이해가 된다. 필자 역시 처음에는 그들과 같았다. 그러나 막상 세미나에 참석한다거나 답사를 가보게 된다면 더 이상 바쁘다는 핑계를 대지 않게 될 것이다. 그것은 부동산 투자의 매력에 빠져들어 새로운 희망을 가질 수 있게 되기 때문이다.

Chapter 03

질 수 없는
게임의 법칙

그렇다면 대체 희망을 포기한 젊은이들과 노후 준비가 되어 있지 않은 베이비붐 세대들은 무엇을 어떻게 해야 한다는 것인가? 어떠한 분야에서 시작을 해야 한다는 것인가? 당연한 이야기지만 많은 준비가 필요한 분야일수록, 남들이 어려워하는 분야일수록 경쟁이 약한 블루오션(Blue Ocean)일 확률이 높다. 별다른 준비 없이 할 수 있는 분야일수록, 누구나 쉽게 할 수 있는 분야일수록 치열한 경쟁은 예정되어 있다.

1~2억 원을 투자하면 누구나 쉽게 창업하는 치킨집을 생각해 보자. 운이 좋으면 높은 매출로 행복해질 수도 있을 것이지만, 많은 수의 치킨집 사장님들은 우후죽순 생겨나는 경쟁업체들과 치킨게임(Chicken Game)을 펼치며 한숨만 깊어간다고 한다. 심지

어 1~2억 원을 투자하고도 月 백만 원도 벌지 못해 폐업하는 사장님들도 많다고 한다. 국세청의 '2014 국세통계연보'와 '조기공개 국세통계'를 살펴보면 너나없이 자영업 시장에 뛰어들어 2013년 한해에만 1만 3,982명의 사장님이 탄생했지만, 10명 중 4명은 1년 이내 폐업을 한다고 한다. 영업이 제대로 되지 않은 이유도 있지만 준비 안 된 창업이기 때문이다. 이제 창업은 더 이상의 블루오션이 아닌 레드오션(Red Ocean)일 뿐이다.

그렇다면 블루오션이란 무엇인가? 희망을 포기한 젊은이들과 노후 준비가 되어 있지 않은 베이비붐 세대들이 무엇을 어떻게 준비해야 되는지 답은 정해져 있다. 지금 당장 옆을 돌아보라. 지인 중에 치킨집 사장님들은 많을 것이다. 하지만 임대사업자나 매매사업자가 단 한 명이라도 있는가? 아마 지인 중 임대사업자나 매매사업자를 찾아보기 힘들 것이다. 이는 임대사업이나 매매사업이 많은 준비를 필요하고 남들이 어려워하는 분야라는 증거다. 이제 방향은 정해졌다. 그러나 임대사업이나 매매사업은 투자의 한 부분인데, 투자는 확률게임이기에 누구도 완벽한 투자를 정의하기는 힘들다. 당연한 말이지만, 투자수익을 높이기 위해서는 실패 확률을 줄이고 성공 확률을 높이는 것에서 시작해야 한다. 그리고 확률게임에서 승리하기 위해서는 게임의 구조와 원리, 룰을 정확하게 인지하는 노력이 필요하다.

게임의 구조와 원리를 모두 이해하는 것은 불가능하지만, 투자라는 게임에서는 승리를 위한 몇 가지 검증된 원리를 사용할 수 있다. 즉, 투자의 목적에 따라 투자의 수익성과 안전성, 환금성을 구분해 각각의 변동성에 대응하는 전략을 세운다면 실패 확률을 줄일 수 있다. 예를 들어, 수익형 부동산에 투자하는 경우 수익성을 평가하기 위해서는 부채자산의 레버리지(leverage) 효과를 이해하고 실제 수입을 결정하는 임대료와 공실률, 대출금리, 세금 등의 관계를 정확하게 이해하는 노력이 필요하다.

투자의 안전성 또한 중요한데, 안전성을 보장하기 위해서는 금리인상, 자산 가치 하락, 정부정책, 인구구조, 입지, 수요, 수급동향, 가격동향 등 여러 가지 변동성을 통계화, 계량화해 대응전략을 만드는 것이 큰 도움이 된다. 그래서 필자는 시간이 날 때마다 투자할 대상과 연관이 있는 통계자료들을 분석하며 경제신문의 기사들에 대입시켜 보곤 한다. 각종 통계자료들은 통계청의 홈페이지에서 얼마든지 무료로 얻을 수 있다. 그리고 환금성을 위해서는 적정 자산 가격을 평가하는 재무적인 능력과 거래량, 거래가격 등의 필드상황을 정확하게 인지할 수 있는 정량적, 정성적 조사가 필요하다. 이런 방법으로 투자에 대한 나름의 논리를 발견하고 공식을 만들어 간다면, 실패 확률을 현격하게 줄일 수 있을 것이다.

특히 토지 투자에 있어 게임의 법칙은 다음과 같다.

첫째, 교통망을 따라 투자하라!

교통망이 뛰어난 곳에 유동인구가 많아지고 정부가 계획하는 신도시도 건설된다. 고속도로 철도 등 도시 인프라가 갖춰져 있어야 도시가 들어설 수 있기 때문이다. 기존 고속도로와 신설되는 국도 등 연계가 쉬운 곳들이 투자대상이다. 길이 나면 결국 토지는 가격이 오른다. 서해안고속도로가 대표적인 사례다. 태안, 서산, 당진 등 서해안 고속도로가 지나는 곳의 가격은 발표시점에도 많이 올랐지만 아직까지도 오름세는 현재 진행형이다. 주변에 산업체가 많이 생기고 그 길을 타고 놀러가는 사람이 많이 생기면서 토지의 가치는 지속적으로 올라가고 있다. 따라서 뉴스에서 고속도로나 국도 등의 개발계획이 발표되면 모두 스크랩하고 모아둔다.

둘째, 신도시개발이 가능한 곳을 투자하라!

특히 대지가 많은 지역보다는 전·답 및 임야가 넓게 펼쳐진 지역에 투자하라. 정부는 보상 부담이 적은 지역을 개발지구로 지정할 가능성이 높기 때문이다. 그렇기에 대지가 많아 공시지가가 높은 지역보다는 전·답 및 임야가 넓게 펼쳐진 지역에 신도시가 건설될 가능성이 크다. 팁으로 수용을 피하기 위해선 기존 마을 반경 1km 이내 토지를 공략하는 것도 방법이다. 그러나 대규모 그린벨트 해제지 등 넓은 지역은 수용될 가능성이 높은 토지다. 다만 임야는 보전임지, 비탈이 심한 임야, 수령 30년 이상의 나무가 많은 임야, 대도시인근의 녹지와 공원구역, 문화재보호구역 등 규제가 많은 곳은 피하는 것이 좋다.

셋째, 수용지역의 경계부분을 노려라!

신도시개발은 토지수용 방식으로 진행되기에 수용되는 곳의 주민들은 공시지가보다 조금 높은 수준에서 보상을 받은 뒤 떠나야 한다. 그러나 주변지역은 아니다. 개발압력이 점차 주변지역으로 밀려오면서 토지 가격이 급등한다. 실제 김포의 개발 당시 주변지역의 가격은 치솟았지만 신도시 예정지 안의 가격은 큰 움직임을 나타내지 않았다.

넷째, 개발전략이 큰 수익을 안겨준다!

이미 좋다고 소문난 토지는 가격이 비쌀 뿐 아니라 투자수익도 크지 않을 수 있다. 토지 투자의 묘미는 남들이 주목하지 않는 토지를 개발해 큰 수익을 올리는 것이다. 예를 들면 임야를 과수원으로 개발한다든지, 창고 등을 지어 임대한다든지, 임야나 밭을 주말농장으로 개발한다든지 함으로써 큰 임대수익을 올리는 것이다. 결국 토지를 보는 안목을 기르는 게 토지 투자의 핵심이다.

다섯째, 개발계획에 쉽게 현혹되지 마라!

개발계획은 수많은 이해관계가 얽혀 있어 예상과 달리 추진이 더디다. 현실적으로 가능한지, 진행 상황은 어떤지를 관련 지방자치단체와 국토교통부 등에 문의해봐야 한다.

여섯째, 서류확인과 현장답사로 정보를 확인하라!

토지이용계획확인원을 확인해보면 토지의 개발이 가능한 용도와 제한 용도를 알 수 있다. 지적도와 토지대장도 필수고 면적도 비교해봐야 한다. 토지는 자체가 가지는 제한적인 특성(공법상, 사법상)을 정확히 알아야만 그 가치를 판단할 수 있다. 설령 현장에서 볼 때 아무리 형상이나 위치가 좋다고 하더라도 태생적으로 제한(개발제한, 건폐율 및 용적률, 용도제한 등)을 가지고 있다는 사실을 명심해야 할 것이다.

판단이 어렵다면 인근 건축설계사무소에 어떤 건축물을 지을 수 있는지 문의하는 것도 한 방법이다. 그다음 현장답사를 해야 한다. 거래 시 문제가 생기는 부분은 거의 대부분 현장답사가 미흡하기 때문이다. 급경사지역도 지적도에는 평면으로 나타난다. 특히 도로와의 연결 여부도 반드시 현장에서 확인할 대목이다. 지적도상에 도로가 없으면 각종 인허가를 받을 수 없다. 4m 도로가 확보되어야 건축을 할 수가 있다. 도로로 활용하기 위해 별도로 매입하는 토지는 일반 토지보다 비싸기 마련이다.

일곱째, 매수와 매도의 타이밍을 계획하라!

영종도에 국제공항이 들어서는 것을 지켜본 투자자들은 김포지역에 투자를 했다. 공항 배후지역에 도시가 들어서는 것은 당연한 일이라고 예측했기 때문이다. 이처럼 새로운 배후 주거지역이 연이어 발표될 때 파는 것이 1차 매도시기이다. 2차 매도시기는 다시 2~3년이 지난 뒤 분양시점다. 이처럼 토지 투자의 입지를 선택할 때에는 팔 때를 염두에 두어야 한다. 팔 때를 염두에 두기 위해서는 토지를 이용하는 사람의 입장에서 생각해봐야 한다.

신도시주변의 토지 투자에는 토지보상 전 5~6개월을 투자시점으로 삼는다. 신도시 개발이 이뤄지면 원주민에게 보상금이 풀린다. 보상금을 받은 원주민들은 다시 주변의 토지를 매수한다. 토지로 돈을 만진 사람은 대게 인근 토지에 투자하게 돼 있다. 게다가 사람은 자신이 살고 있던 확실한 지역을 떠나지 않으려는 속성을 가지고 있기 때문이다. 보상 후 주변 토지를 사면 취·등록세도 면제된다. 실제 판교신도시에서 2조 5천억 원 이상의 보상금이 풀리자 용인, 광주 등 주변지역이 들썩이는 사례도 있었다. 그렇기에 보상의 시작이 매도 타이밍이다. 이렇게 하면 가격 상승을 기대할 수 있을 뿐만 아니라 수요자가 많아 토지의 최대 약점인 환금성 문제도 해결된다.

기억하라! 그리고 실행하라! 이와 같은 게임의 법칙을…

Chapter **04**

문제는
자본금이다!

임대사업이나 매매사업을 위한 소액 투자의 필요성, 지지 않는 소액 투자의 법칙에 대해 이해가 되었을 것이다. 그러나 아직 해결해야 될 근본적 문제가 남아 있다. 그것은 바로 임대사업이나 매매사업을 위한 사전준비와 초기 투자자금일 것이다. 모든 투자가 그러하듯이 부동산 투자 역시 초기 자본금이 필요하다. 투자자금이라고 한다면 보통 최소 억 단위 이상의 금액을 생각할 것인데, 너무 걱정하지 않아도 된다. 그 이유는 바로 지금 여러분의 손에 이 책이 쥐어져 있기 때문이다. 퇴직금을 중간정산하거나, 거주 중인 아파트를 처분하지 않아도 된다. 악착같이 몇 달의 급여를 아끼거나 또는 편의점 야간 아르바이트 급료를 모은 돈으로 투자가 가능한 비법을 알려줄 것이다.

그런데 한 가지 중요한 원칙이 있다. 돈 한 푼, 노력 한 푼 들이지 않는 투자는 투자가 아니라 투기라는 것이다. 대부분의 소시민들이 그러하듯이 부모님에게 큰 재산을 물려받지 않은 이상 성공투자에 있어 초기 투자자금이 얼마나 중요한지, 모두 공감할 것이다. 필자 역시 초기 투자자금이 부족해 전적으로 소액으로 투자가 가능한 틈새를 노렸고, 많은 노력의 결과 소액 투자로 부동산에서 소기의 목적을 달성했다. 처음 투자 시 단돈 몇 백만 원으로도 투자가 가능한 노하우를 공유하고자 한다.

소액으로 토지 투자나 수익형 부동산 투자를 시작하려 할 경우의 최소비용은 500만 원이다. 그러나 일반적 부동산 거래는 대출을 활용하더라도 500만 원에 부동산을 매수하기는 불가능할 것이기에, 주위에 500만 원으로 부동산 투자가 가능하다고 말하는 사람이 있다면 경계를 해야 된다. 그렇다면 500만 원으로 시작하는 투자란 무엇이란 말인가? 정답은 경·공매다.

경·공매에 있어서도 500만 원짜리 투자물건을 찾기란 그리 쉬운 일이 아니다. 부동산 경·공매 관련 서적들에서 초기 투자자금 500만 원으로 시작해 지금은 수백 억대의 자산을 형성한 무용담들을 늘어놓고 있는데 출판일을 잘 살펴보면 못해도 5~10년 전에 발행된 책들일 것이다. 지금은 경매시장이 활성화되고 심지어 과열되어 이와 같은 물건은 경쟁률이 높을 뿐더러, 서울에서는 특히, 강남에서는 불가능한 금액이다. 하지만 실망할 필요는 없다. 아직도 지방의 경·공매 물건에는 500만 원으로 투자가 가능하기 때문이다. 단, 이 경우 상당한 시간과 노력이 필요하다는 것을 미리 말해두겠다.

필자 역시 투자 초기에는 소액으로 투자했다. 약 6~7년 전 충남 아산시에 $660m^2$짜리 땅을 3,000만 원에 매수했다. $3.3m^2$당 따져보면 15만 원인 셈이다. 매수 후 3년이 지나자 인근에 서해선 복선전

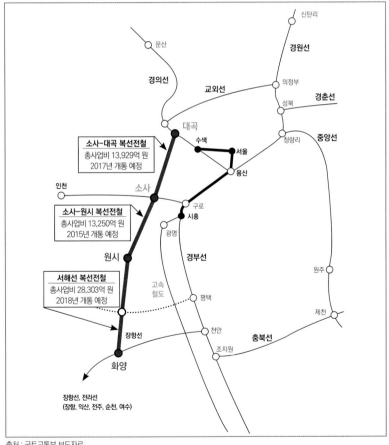

출처 : 국토교통부 보도자료

철 역이 생길 것이란 소식에 시세는 3.3m^2당 30만 원으로 2배가 뛰었다. 그런데 6~7년 전 얘기니깐 3,000만 원으로도 투자가 가능했던 것 아니냐고 반문하는 독자들도 계실 것이다. 하지만 자신 있게 얘기 할 수 있는 것은 아직도 발품을 팔아보면 3~5년만 투자해도 2배 넘게 오르는 땅들이 전국에 널려 있다는 것이다.

적게는 500만 원, 보다 많게는 3,000만 원만 준비되더라도 아직까지 소액 투자가 가능한 물건은 얼마든지 널려 있다. 문제는 투자할 대상이 없는 것이 아니라 투자할 실행력 또는 의지가 없는 것이다. 이 책을 읽은 후 더 이상 투자자금을 핑계로 투자를 남의 잔

대박 Tip 서해선이란?

홍성(화양)~안산(원시) 구간은 국가철도망구축계획(남북 6개축, 동서 6개축) 상 남북2축(서해·장항·전라축, 부천~여수)에 해당하는 구간으로, 남으로는 장항선, 전라선과 연결되고 수도권의 원시~소사~대곡 복선전철, 안산선, 경인선, 경의선 및 인천공항철도 등과 연계된 새로운 남북방향 철도축을 건설해, 현재 용량이 포화된(bottleneck) 경부선 천안~서울 구간의 여객·물류 수송 부담을 완화하고, 광양항 등 호남권 물류 활성화 등에 기여할 것으로 기대된다. 또한, 예산·홍성으로 이전되는 충남도청 신도시, 시화호 남측 간석지 개발(송산그린시티) 등 50여 개의 대규모 개발사업이 산재한 경기·충남 지역 서부를 관통하는 간선철도교통망이 구축되어 지역 개발 및 수도권 접근성이 획기적으로 개선될 것으로 기대된다(홍성 화양~안산 원시간 48분, 새마을호 기준).

치와 같이 치부하는 실수를 하지 말자. 지금 가용할 수 있는 500만 원 조차도 없다면, 부업을 갖든 또는 주말에 투잡을 뛰건 몇 달 열심히 고생하면 된다. 짧게는 5년, 길게는 10년이 지난다면 지금 소액 투자를 시작하는 이와 투자하지 않는 이들의 차이는 어마어마하게 벌어져 있을 것이다.

필자 역시 30살까지 부동산에는 관심조차 없었기에, 돌이켜 생각해보니 그동안 기회를 놓친 것이 정말 아쉬울 따름이다. 빠르면 30대 초반에서 40대쯤 되었을 때 생길 수 있는 3,000만 원 정도의 여윳돈이 소액 투자의 시작이라고 볼 수 있다. 이 역시도 요즘 뜬다는 제주도, 평택시 등에 투자하기는 많이 부족한 금액이다. 그러나 장기적 관점에서 새만금과 같은 국책사업 지역에 접근한다면 불가능한 일도 아니다. 투자는 나무가 아니라 숲을 봐야 한다. 특히 새만금과 같은 대규모 면적, 장시간에 걸친 국책 사업일수록 숲을 봐야 한다는 것을 명심해야 한다.

노후 준비를 일찍 시작한 경우 5,000만 원부터 1억 원 정도의 여윳돈이 준비되어 있을 것이기에 투자 대상에서 선택의 폭이 넓을 것이다. 소액 투자에서 그림의 떡처럼 느껴지는 제주도, 평택시, 세종시, 당진에도 투자가 가능하다. 나열한 지역들은 빠른 개발속도 등으로 단기간 차익이나 안정된 투자지역이다 보니 투자자들에게 인기가 많다. 그러나 호재지역은 기획부동산이라는 함정과 알짜배기 토지에 대한 경쟁이 심하다. 지주의 마음이 변심하는 경우도 비일비재하다.

　사실 1억 원 이상의 여유자금이 있는 사람이라면 비싸더라도 가치 있는 지역에 투자하거나, 여러 지역에 소규모 토지로 나누어 분산 투자하는 방식도 좋다. 그러나 여윳돈이 넉넉하지 않은 사람들이 더 많기에, 투자금액에 따른 지역선정이 필요하다. 그리고 가장 중요한 것은 지역 안에서도 결국 지가는 오르는 곳만 오른다는 사실이다.

Chapter 05

두 마리 토끼를
모두 잡아라

소액 투자 아니 모든 부동산 투자가 그러하듯이 투자의 수익실현은 매매차익 또는 임대수익 두 가지 중 하나다. 쉽게 말해 매매차익은 싼 가격에 부동산을 매수해 비싼 가격에 되팔아 수익을 얻는 것이고, 임대수익은 마치 은행으로부터 예금에 대한 이자를 받는 것과 같이 월세로 수익을 얻는 것이다. 매매차익은 주로 토지에서 큰 수익실현이 가능하고, 임대수익은 주로 수익형 부동산에서 얻을 수 있다.

그렇다면 매매차익과 임대수익 중 어떠한 투자방법이 더 좋을까? 정답은 매매차익도 임대수익도 아니다. 두 마리 토끼를 모두 잡는 것이 최고의 투자방법이다. 두 마리 토끼를 모두 잡은 한 지인의 얘기를 해보겠다. 2008년경 필자의 지인 중 한 명은 독신가구나 2인 가족 등이 증가하기에 주택 소비 패턴에 많은 변화가 있을 것이라고 예상하고 전 세계적으로 불어 닥친 금융위기에도 공격적 투자를 강행해 지금은 경제적 자유를 얻었다. 그는 연금처럼 매달 돈이 들어오는 주택임대사업에 관심을 가지고 임대수익을 목적으로 투자를 했는데 시간이 흐르며 지금은 엄청난 금액의 시세차익까지 얻었다. 투자대상은 간단했다. 중대형보다는 상대적으로 수요가 많은 소형아파트를 선택했다. 특히 그가 아파트를 선택한 이유는 노후화 된 다가구주택의 경우 관리에 많은 시간과 비용이 들기 때문이었다. 그렇게 선택한 아파트는 잠실의 재건축된 소형아파트였다. 단지 환경이 쾌적하고 인근의 생활편의시설 인프라까지 잘 갖추어져 있기에, 임대사업으로는 최적의 물건이라 판단하고 5채를 매입했는데 매달 짭짤한 임대수익을 얻었으며, 최근 5채 모두 매도해 상당한 시세차익까지 얻은 케이스다.

당시에는 지금보다 부동산 가격이 상대적으로 저렴했기에 가능한 얘기라고 포기하면 곤란하다. 조금만 눈을 돌리고 발품을 판다면 2008년 필자의 지인이 거머쥔 행운을 여러분도 누릴 수 있다. 틈새시장과 같은 소액 투자처를 찾아낼 능력만 있다면 주택 여러 채를 소유해 임대수익을 얻을 수 있다. 경매로 지방의 소형 주택을 여러 채 매입한다면 지금도 충분히 가능한 일이다. 집값이 서울이나 수도권보다 월등히 저렴한 지방의 소형 주택은 매매수요는 적더라도 임대수요는 풍부해, 시세보다 조금만 저렴하게 구입한다면 임대수익은 물론 시세차익도 함께 볼 수 있다.

그 중에서도 개발 호재가 풍부한 지역을 위주로 전세 비중이 높은 아파트를 매수한다면 소액 투자는 얼마든지 가능하다. 특히 지방의 소형 주택이 좋은 이유는 거품이 거의 없는데다가 임대수요까지 풍부하며, 추후 개발 호재까지 생긴다면 얼마든지 시세차익을 얻을 수 있다.

특히 경매의 경우 레버리지(leverage)를 활용할 수 있는 장점이 있다. 가령 8,000만 원에 지방의 소형 아파트를 낙찰받았다고 가정해보자. 경락잔금 70%를 활용한다면 취득세 등 이것저것 비용을 감안하더라도 실제 투자금은 2,600만 원 미만일 것이다. 그런데 이게 다가 아니다. 한 번 더 마법을 부려보자. 보증금 1,000만 원/월 50만 원에 세를 놓는다면 실제 투입되는 총 투자금은 1,600만 원 미만이다. 또한 대출 이자보다 월세가 더 커, 레버리지 효과를 제대로 활용할 수 있다.

필자의 예를 들어보겠다. 2011년경 이었다. 임대수익률이 좋은 천안시 동남구 신방동에 소재한 아파트 단지를 눈여겨봤다. 당시 지인들은 그 아파트는 10년 동안 시세 변동이 없었기에 투자처로서는 빵점이라며 투자를 만류했지만, 주위에 소재한 공업단지로 임대수요가 풍부해 공실률 걱정이 없다 판단하고 투자를 결정해 경매 물건이 나올 때마다 입찰을 했다. 그런데 결과는 매번 보기 좋게 패찰했다. 그런데 낙찰된 가격을 살펴보니 급매물보다 비싸기에 다소 대출금액은 줄어들더라도 급매로 매수하는 것이 이익이라 판단하고, 경매에서 낙찰받는 것을 포기하고 급매를 알아보기 시작했다.

당시 시세가 5,500만 원 정도 했는데 5,000만 원에 급매로 나온 것이 2채 있었다. 필자는 당일 바로 계약을 했고, 공인중개사에게 설렁탕을 대접하며 급매를 몇 채 더 소개해주면 추가로 수고비를 더 드린다고 약속했다. 보통 공인중개사들에게 수수료를 흥정하려 하는데 필자는 오히려 정해진 수수료보다도 더 많은 금액을 지불한다. 생각해보라. 여러분이 공인중개사라면 어떤 고객에게 더 좋은 물건을 소개시켜주겠는지….

2채를 계약한 다음 주 3채를 더 계약할 수 있었다. 물론 모두 5,000만 원에 매입했다. 당시 전세가격이 4,000만 원 정도였고, 월세는 보증금 500만 원/월 40만 원 또는 보증금 1,000만 원/월 35만 원에 시세가 형성되어 있었다. 한 채당 60%씩 3,000만 원의 대출을 받았고, 월세는 보증금 1,000만 원에 계약을 했다. 실제 들어간 돈은 한 채당 1,000만 원 안팎이었다. 투자자금 1,000만 원에 매달 월세수익이 35만 원씩 들어왔다. 물론 대출받은 3,000만 원에 대한 은행이자는 납부해야 한다. 당시 은행이자가 연 4% 정도였기에 월 부담할 이자는 10만 원가량이었다. 은행이자를 제하더라도 투자자금 1,000만 원으로 월 25만 원의 수익이 생기는 것이다. 1년이면 한 채당 300만 원이다. 30%의 수익을 얻는 것이다.

그런데 행운은 한 번 더 찾아왔다. 10년 동안 제자리에 있던 아파트 가격이 상승하기 시작한 것이었다. 지금은 더욱더 높은 가격에 거래가 되는데 필자는 2년 후 5채 모두를 한 채당 8,000만 원에 매도했다. 물론 2년 동안 한 채당 총 600만 원의 임대수익까지 보너스로 얻을 수 있었다. 필자가 투자한 물건은 총 16개동 4,168세대의 대단지 아파트다. 그런데 놀라운 점은 모든 세대의 넓이가 $55m^2$라는 것이다.

당시 필자가 투자를 했던 천안시 동남구 신방동에 소재한 초원그린타운 전경

Chapter 06

멘토는
성공의 지름길

　　결혼 전 아내와 한창 연애할 무렵이니 대략 10여 년 전의 얘기다. 지금은 처갓집이 된 아내의 집에 인사를 드리러 찾아뵈었다. 어르신들에게 인사를 올리고 이런 저런 얘기를 나누다 보니 장모님 될 분이 부동산 투자를 좀 하는 분이라고 하신다. 장모님께서 결혼은 언제 할 계획이냐고 물어보셔서 조만간 신혼집을 알아볼 것이라고 하니 "전서방, 사위될 사람이니 가족으로 생각하고 조언해주겠네. 물론 집도 중요하지만 아직 나이가 젊으니 부동산에 투자해서 자산을 불려보는 것은 어떻겠나? 사무실 가까운 곳에 대기업 공장이 들어온다는 정보를 들었는데 그 주변에 1억 원 정도로 투자할 데가 아직 많다네…."

　　당시 장모님께서 주신 귀하디귀한 정보를 그냥 흘려버렸다. 장모님께서 집요하게 권유하지 않으신 이유도 있었지만, 당시에는 무엇보다 결혼을 앞두고 당장 집이 먼저라는 생각이 앞섰기 때문이다. 그리고 그때까지만 하더라도 재테크라곤 은행의 적금밖에 모를 정도로 무지했기 때문이다. 그런데 얼마 후 대기업의 LCD공장이 들어선다는 것을 9시 뉴스를 통해 알게 되었고, 신문에서는 평당 가격이 1,000만 원을 넘어섰다는 기사가 도배를 했다. 인생에서 큰 돈 벌 기회가 세 번 온다는데, 첫 번째 기회를 날려버렸다는 생각에 몇날 며칠 잠도 자지 못했고 밥도 먹을 수 없었다.

아내와 결혼 후 장모님과 첫 인사 때 얘기를 다시 할 기회가 있었다. "장모님, 왜 그때 저에게 더 적극적으로 투자를 권유하지 않으셨나요? 그때 장모님 말씀처럼 준비해뒀던 결혼자금 전부와 부모님과 친척들에게 최대한 빌려서 1억 원 정도만 투자했다면 지금 50억 원은 족히 벌었을 텐데요." 그러면 장모님은 "확실한 투자처이니 적극적으로 권유하고 싶었지만 사위될 사람에게 초면에 그런 말을 하기도 뭣 하고, 남여 사이라는 것이 갑자기 헤어질 수도 있으니… 앞으로 내가 정보를 주면 예전처럼 실수하지 말게."

그리고 얼마 후 다시 기회가 찾아왔다. 저녁시간 장모님께서 연락도 없이 급히 찾아오시더니 난생 처음 보는 서류 뭉치들을 들이미셨다. 당시에는 뭐가 뭔지도 모르고 살펴봤는데 장모님께서 가져오신 서류 뭉치들이란 토지이용계획확인원, 지적도, 등기사항전부증명서 등이었다. 장모님 덕에 태어나서 처음 토지이용계획확인원, 지적도, 등기사항전부증명서라는 것을 보았다. "전서방, 사무실에 좋은 땅이 급매로 싸게 나왔는데 이건 반드시 사야 한다네. 주인이 외지인이라 시세를 잘 몰라서 그런지 정말 싸게 내놓았다네. 이건 남 주기 정말 아까운 땅이야."

장모님의 말씀에 직감적으로 이것이 나에게 찾아온 두 번째 기회라는 것을 알 수 있었다. 그날 저녁 행여 그 땅이 팔리지는 않을까 걱정하며 밤잠을 이룰 수 없었다. 뜬눈으로 밤을 지새우고, 은행 문이 열자마자 은행으로 달려가 이사할 때 보태려 아끼고 모아두었던 적금들을 모두 해지했다. 부족한 돈은 대출까지 받았다. 다행스럽게도 이번에는 기회를 날려버리지 않았다.

조마조마한 마음으로 구입한 땅을 밟아보았을 때의 기분이란 이루 말할 수 없는 감격이었다. 얼마나 기분이 좋았는지 등기를 받은 날은 구입한 토지에 주차를 하고 차에서 잠을 잤다. 처음 내 명의로 된 집을 장만했을 때와 비교할 수 없는 희열을 느꼈는데, 아마 토지를 구매한 경험이 있는 분들은 공감할 수 있을 것이다. 특히 시세의 절반에도 미치지 못하는 가격으로 매입했기에 그 기쁨이란 이루 말할 수 없었다.

토지를 매입한 후 얼마 지나지 않아 '관공서가 이전한다', '아파트가 들어선다' 등의 소문들이 돌더니 2008년 2월 경 신문에 건너편 마을이 시가화예정지로 되었다는 기사가 났다. 그리고 몇 해

전 1억 원에 안 되는 돈으로 매수했던 토지를 14억 원에 매도했다.

정말 믿을만한 멘토를 통해 토지 투자 성공을 해본 후 배우게 된 것은 다음과 같다.

첫째, 멘토의 말 한마디도 천금이다.

장모님께서 선견지명이 있으셨던지 결혼 후 주소지를 옮기라고 권유하셨다. 장모님의 말씀을 듣지 않았으면 땅을 사고 싶어도 토지거래허가를 받지 못했을 것이다.

둘째, 멘토의 말은 믿고 따라야 한다.

장모님이 추천해준 토지는 허름한 농가주택들이 길을 막고 있는 일명 맹지였다. 당시 왜 맹지를 사야 되는지 이해할 수 없었으나 장모님은 농가주택들이 분명히 헐릴 것이니 걱정하지 말라고 했고 나는 장모님의 말씀을 믿기로 했다. 그리고 장모님의 예언과 같이 몇 달 후 농가주택들이 모두 헐리게 되었다. 당시에는 장모님이 대

대박 Tip   도로저촉이란?

해당 계획에 대상토지의 일부가 포함되어 있는 것을 말하고, 도로접합이란 해당계획에 대상토지가 경계에 붙어 있는 것을 말한다. 즉 도로저촉이란 지금 건물이 있거나 상업시설의 편의시설 등으로 사용되고 있더라도 언젠가는 도로가 된다는 의미다.

단한 예언가라도 되는 듯 생각이 들었는데 지금에서야 돌이켜보니 토지이용계획확인원에 도로저촉으로 되어 있었다.

농가주택이 있는 농지의 답사 현장

셋째, 멘토의 눈에는 내 눈에 보이지 않는 것들도 보인다.

당시 필자는 토지 좌우에 구거가 있는지도 몰랐는데, 당시 토지 옆에 264㎡(80평) 정도의 구거가 있었다. 장모님이 적극적으로 매입을 권유하셨던 이유가 구거 때문인데, 나중에 불하받을 수 있는 토지였다. 그리고 점유를 하면 땅이 넓어지고 모양도 예뻐지는 장점도 있었다. 이것이 아직 토지 투자의 기준을 잡지 못한 초보 투자자들이 좋은 멘토를 만나야 하는 이유이며, 멘토의 역할이 중요한 이유다. 토지 투자를 하는 사람은 '분석적이며, 신뢰로운 멘토'를 찾아야 한다.

대박 Point ◉

좋은 멘토를 찾기 위해서는 많은 사람들을 만나봐야 한다. 재테크 강연회, 세미나, 현장답사에 참여해 전문가와 이야기를 나눠보자. 한 사람만 만나는 것보다는 다수의 전문가를 만나며 나와 성향이 맞는 전문가를 찾아보는 것이 좋다. 전문가의 화려한 입담과 스펙보다는 그와의 대화를 통해 얼마나 실전경험이 풍부한지를 확인하는 것이 좋을 것이다.

하천보다 규모가 작은 4~5m 폭의 개울을 뜻한다. 용수(用水) 또는 배수(排水)를 위해 일정한 형태를 갖춘 인공적인 수로·둑 및 그 부속시설물의 부지와 자연의 유수(流水)가 있거나 있을 것으로 예상되는 소규모 수로부지다(측량·수로조사 및 지적에 관한 법률 시행령 제58조). 하천법의 적용을 받지 않고 공유수면 관리 및 매립에 관한 법률의 적용을 받는다. 국가 소유로 경매의 대상은 아니나 폐구거부지의 경우 양여나 매각을 통해 개인명의로 등기할 수도 있다. 구거의 소유자는 대안(對岸)의 토지가 타인의 소유인 때에는 그 수로나 수류의 폭을 변경하지 못한다(민법 제229조).

출처 : 두산백과

토지이용계획확인원이란?

필지별 지역·지구 등의 지정 내용과 행위제한 내용 등의 토지이용관련 정보를 확인하는 서류를 말한다. 토지이용계획확인원을 발급하고자 하는 자는 특별자치도지사, 시장·군수 또는 구청장에게 토지이용계획확인신청서(전자문서로 된 신청서 포함)를 제출해야 하며, 토지이용계획확인신청서를 제출받은 특별자치도지사, 시장·군수 또는 구청장은 국토이용정보체계를 활용해 토지이용계획확인원(전자문서로 된 확인서 포함)을 발급해야 한다.

국토교통부에서 구축·운영 중인 토지이용규제정보시스템(http://luris.mltm.go.kr)에서는 토지이용계획확인원에 명기된 지역·지구 등의 지정내용 및 행위제한내용 등의 정보를 한국토지정보시스템(KLIS)와 연계해 인터넷을 통해 열람 서비스를 제공한다.

출처 : 토지이용 용어사전, 2011. 1. 국토교통부

지적도란?

지적도에는 ① 토지의 소재, ② 지번, ③ 지목, ④ 경계, ⑤ 도면의 색인도·제명 및 축척, 도곽선 및 도곽선수치, 좌표에 의하여 계산된 경계점간 거리 등을 등록한다(제10조, 지적법 시행규칙 제10조 제1항).

경계점좌표등록부(수치지적부)를 비치하는 지역 내의 지적도에는 제명 끝에 '수치'라는 표시를 추가하고, 도곽선 우측 하단에 '이 도면에 의해 측량을 할 수 없음'이라 기재한다(지적법 시행규칙 제10조 제2항). 지적도의 축척은 500분의 1, 600분의 1, 1,000분의 1, 1,200분의 1, 2,400분의 1로 한다(제11조).

소관청은 지적도를 지적서고에 비치·보관하고 이를 영구보존해야 하며, 천재·지변 등 위난을 피하기 위해 필요한 때 외에는 원칙적으로 소관청 청사 밖으로 반출하지 못한다. 또 군의 읍·면에 지적약도를 비치하고 상시 지적도와 부합하도록 이동사항을 정리해야 한다(지적법 제8조).

지적도의 열람 또는 등본을 교부받고자 하는 자는 소관청에 신청해야 하며, 읍·면장은 지적약도를 신청한 주민의 열람에 제공해야 한다(제12조, 지적법 시행령 제8조 제3항).

출처 : 두산백과

지적도는 정부민원포털 민원24(www.minwon.go.kr)에서 무료로 열람이 가능하며, 지적도를 보는 방법은 첫째, 부동산의 지번과 지적도의 상단의 지번과 일치하는지 살펴야 하고, 둘째, 부동산의 도로가 지적도와 일치하는지 살펴보고, 셋째, 부동산의 경계와 지적도의 경계가 일치하는지 살펴보고, 넷째, 부동산의 향이나 방위가 등을 알아본 후에 최종적으로 부동산의 현재 위치에서 위와 같은 사실과 일치하는가를 확인하는 일이 중요하다.

지적도를 가지고 현장에서 부동산의 위치를 찾기 위해서는 부동산의 기점을 찾아야 하고 기점으로부터 얼마의 거리에 있는가를 확인하면 된다. 지적도상 기점과 일치해야 하는 부동산의 기점을 찾지 못할 경우 지역 주민이나, 특히 통반장의 도움을 받는 것이 빠르다.

지적도를 살펴보면 상단에 지번이 등재되어 있는데, 그 부분을 북쪽에 맞추고 위치를 확인해야 한다. 지적도상 기점을 정한 곳에서 목적 부동산까지의 거리를 측정해야 하는데, 지적도상에서 토지의 축척의 비율은 1:1,200에 해당하고, 임야의 비율은 1:6,000이므로 삼각자로 측정하면 쉽게 환산할 수가 있다. 만약 지적도에서 토지의 경우 기점에서 목적 부동산까지 1cm 정도 떨어져 있다고 한다면 실제의 거리는 1,200cm이므로 12m가 떨어져 있는 것이다. 또 임야도에서는 1cm 거리에 부동산이 위치해있다면 실제상으로는 6,000cm이므로 60m거리에 위치해 있는 것이다.

등기사항전부증명서란?

부동산 투자의 기초 중 기초는 등기사항전부증명서다. 등기사항전부증명서는 크게 사실등기와 권리등기로 구분된다. 먼저 사실등기란 당해 부동산의 위치·면적·구조 등의 물리적 현황 등 사실의 사항이 기재되어 있는 표제부를 말한다. 권리등기란 소유권에 관한 사항을 기재한 갑구와 소유권 이외의 권리를 기재한 을구로 나뉜다. 다른 건 다 잊어버리더라도 사실등기의 표제부, 권리등기의 갑구와 을구를 꼭 기억해야 된다. 그래야만 부동산과 대장이 상이할 경우 손해를 보지 않을 수 있기 때문이다. 국가가 부동산의 현황을 명확하게 파악해 작성·관리하는 공적 장부를 대장이라고 하며, 대장의 종류로는 토지대장, 임야대장, 건축물대장 등이 있다. 등기사항전부증명서에 대한 공신의 원칙을 인정하지 않는 우리나라 법제 하에서는 등기사항전부증명서만을 신뢰해 부동산을 거래하면 금전적 손실이 발생될 수도 있다. 그렇기에 지금부터라도 부동산

등기부와 대장을 함께 비교하는 습관을 가져야만 한다. 각종 대장은 정부민원 포털 민원24(www.minwon.go.kr)에서 무료로 열람이 가능하다.

앞에서도 설명한 바와 같이 우리네 법원(法源), 특히 '민법'은 등기사항전부증명서에 공신력을 부여하지 않았다. 이는 현재 등기사항전부증명서가 불완전해 진실한 거래관계가 일치하지 않는 경우가 다수 발생되기 때문이다. 이처럼 등기사항전부증명서에 공신력이 인정되지 않기 때문에 등기부를 신뢰해 거래를 한 선의의 제3자가 불이익을 당하는 경우가 발생될 수도 있다.

그러면 불이익을 당하지 않기 위해서는 무엇을 살펴보아야 하는가. 먼저 '부동산등기법' 제65조 제1호는 소유권보존등기 전까지 소유권 확인은 대장의 기재를 등기의 기초로 소유권보존등기가 이루어진다고 명시했다. 그럼에도 등기사항전부증명서와 대장 양자의 기재내용이 일치하지 않는 경우를 심심찮게 찾아볼 수 있다. 따라서 등기사항전부증명서와 대장은 기재내용의 일치 내지 부합을 위한 절차적 의존관계 또는 절차적 협력관계가 되어야만 한다.

그럼 지금부터 키포인트를 설명하겠다. 먼저 등기사항전부증명서와 대장이 불일치하는 경우 '지적재조사에 관한 특별법' 제24조 및 제29조에 따라 권리관계의 변동에 관해서는 대장이 등기사항전부증명서의 권리등기인 갑구와 을구의 기재를 따르고, 권리관계 이외 부동산 등기부 표시란에 기재되는 부동산의 물적 상황 내지 동일성에 관한 사항에 관해서는 등기사항전부증명서가 대장의 기재를 따르도록 되어 있다.

법률용어가 낯설은 초보자들도 이해가 쉽도록 예를 들자면, 대장과 등기사항전부증명서의 소유자가 다를 경우 등기사항전부증명서를 따르고, 대장과 등기사항전부증명서상의 면적이 다를 경우 대장의 기재를 따르게 되어 있다는 것이다. 이점 명심해 등기사항전부증명서와 함께 각종 대장을 비교 분석하는 습관을 갖도록 하자.

Chapter 07

금수저 부모가 되는 5계명!

요즘 젊은이들 사이에서 금수저, 흙수저라는 말이 인기다. 돈 많은 부모님을 두면 금수저라 하고, 가난한 부모님을 두면 흙수저라한다. 그런데 자신을 흙수저라고 비관하는 젊은이들에게 한 가지질문을 던지고 싶다. "흙수저로 태어나 힘들다면 당신의 자녀들을금수저로 만들어주면 되지 않는가?" 부모님이 부자인 것은 부러워하면서도, 정작 자신이 부자 부모가 되기 위해 피나는 노력으로인생을 투자하는 사람은 그리 많지 않다. 부동산도 마찬가지다. 대박을 터트리기를 원하면서도 대박을 위해 그다지 고민이나 노력을많이 하지 않는다. 대박이 운이라고 생각하기 때문이다.

거두절미하고 부동산으로 금수저 부모가 된 사람들 중에는 자신들도 금수저인 경우도 있겠지만, 대부분은 흙수저임에도 좌절하지 않고 피나는 노력으로 정보를 수집하고 현장을 답사하며 지식을 쌓고 적절한 타이밍에 맞춰 결단을 내린 결과, 지금 금수저 부모가 된 것이다. 필자가 가장 많이 질문을 받는 것은 두 가지다. 어떻게 하면 부동산 투자로 금수저 부모가 될 수 있느냐와 금수저 부모가 되기 위한 좋은 부동산을 추천해달라는 것이다. 이런 질문을 한 이들의 심정이야 이해가 가지만 부동산으로 금수저 부모가 되는 방법은 사람과 시기가 각자 달라 간단하게 설명하기가 어렵다. 다만 부동산 투자로 금수저 부모가 된 사람들은 다음과 같이 몇 가지 공통점을 가지고 있다.

제1계명, 늘 지도를 곁에 둔다

부동산으로 금수저 부모가 된 사람들의 공통된 첫 번째 특징이다. 지도에서 우리는 많은 정보를 찾을 수 있다. 현장에 가지 않더라도 그 지역에 대한 준전문가가 될 수 있다. 필자의 사무실과 집은 지도로 도배가 되어 있다. 항상 지도를 끼고 산다고 해도 과언이 아닌데, 특히 과거 지도와 현재 지도를 비교해 그 지역이 어떻게 발전되고 변화하는지를 살펴보며 새로운 투자지의 발전과 변화를 예상하는 힘을 키웠다. 로드뷰가 없던 시절 A4용지 32장에 새만금의 위성지도를 캡처해 대형지도를 손수 제작했다. 매일같이 손수 만든 지도를 보고 또 보며 눈을 감아도 떠오를 만큼 지도를 들여다봤다. 그 결과, 어떤 정책이나 산업단지가 들어선다는 개발계획 소식이 들리면 어떤 곳이 지가가 상승할지 예상하게 되었다.

제2계명, 경제신문의 정보를 항상 연구한다

뉴스와 신문은 정보 집합체다. 물론 잘못된 정보도 있을 수 있겠으나 시시각각 변하는 경제와 변화를 빠르게 접할 수 있는 것이 뉴스와 신문이다. 부동산 종합대책이 나오면 발표현장과 연결해 신속하게 뉴스를 전해 현장감을 더해주고, 전문가의 설명까지 곁들인 정보를 가장 빠르게 전달해 주는 게 뉴스다. 신문은 속도감은 떨어지나 요약정리된 자료를 영구적으로 남게 해주는 역할을 한다. 특히 부동산 정책 등의 정보를 요약, 정리한 핵심을 전달한다. 이러한 정보화시대의 뉴스와 신문은 황금과도 같은 정보를 요약, 정리해 매일 우리 곁에 쌓아둔다. 부동산으로 부자가 된 사람들은 이러한 값비싼 정보를 그냥 버려두지 않는다. 시시각각으로 변하는 뉴스와 요약된 신문정보를 스크랩하고 분석한다. 또한 중요한 자료는 어떤 비용을 지불하고서라도 입수해 자기 것으로 만드는 버릇이 있다.

제3계명, 현장답사로 발품을 판다

어떤 일을 하든지 발품이 필요하지 않는 사업은 없다. 특히 부동산에서 현장답사는 생명줄과도 같다. 직접 발품을 팔아 눈으로 확인하고 느껴야만 자기 재산이 된다. 발품을 팔면 부동산을 보는 안목이 생긴다. 부동산으로 부자가 된 사람들은 현장답사로 여기저기 수도 없이 다니고 또 다닌다. 시간과 장소, 여건을 핑계 삼지 않는다.

현장에 가면 직접 걸어보고 시간을 재고, 발전가능성을 위해 시·군청을 방문해 계획 여부 등을 꼼꼼히 따져보자. 목표지역 주변 부동산 중개업소는 3군데 이상 꼭 들러서 주변의 분위기와 상태를 파악해야 한다. 그런데 현장을 자주 가다보면 이상하게도 공통점을 발견하게 된다. 처음 보는 현장인데도 낯설지가 않게 느껴질 때가 있다. 여러분도 이러한 현상을 느낀다면, 어느 정도 현장에 대한 감각을 익혔다고 판단해도 된다.

말이야 쉽지만 실제 행동이 얼마나 어려운지 잘 알고 있다. 필자역시 투자의 세계에 입문했을 때, 단순하게 투자지역의 중개업소만 돌아다녔던 적이 있다. 그러던 중 한 사장님이 나를 불러 세웠다. 젊은 청년이 토지를 알아본다고 이곳저곳 돌아다니는 것을 보니 마음이 쓰인 모양이다. 그 사장님에게 나의 비전과 계획을 설명하니, 젊은 사람이 기특하다며 짜장면을 사주셨다. 조금 더 친해지자 당시 3,000만 원에 투자할 수 있는 변산면 인근 소액 투자처를 추천해주기도 했다. 그때 투자했던 토지는 현재 약 3배정도 시세가 상승했다.

현장답사가 중요한 다른 이유는 내 재산을 보호하기 위해서다. 세간에 기획부동산이라는 게 있다. 특정 개발 호재지역이 발표가 되면 일반인을 상대로 토지를 분할해 6개월 내 책임지고 두세 배의 가격으로 팔아주겠다며 매수를 부추기는 세력들이다. 이들은 토지를 여러 필지로 나눠 공유형태로 투자를 유치하고 몇 개월 내 잠적하는 수법을 쓰는 일명 부동산 브로커다. 이런 기획부동산의 가장 편한 상대가 현장 감각이 없는 사람들이다. 현장 감각 없는 초보자들은 사기를 당하는 줄은 상상조차 못하고, 오히려 소액으로도 투자가 가능한 토지가 있다는 것에 고마워한다. 그러나 부동산으로 부자가 된 사람은 이러한 기획부동산은 쳐다보지도 않고, 직접 현장에 가서 확인한다. 그리고 절대로 서류만으로 부동산 매매계약을 체결하거나 대리인을 통해 현장을 대신 보내지 않는다. 이는 투자자가 직접 보지 않고 지도로만 봐서는 토지의 높이나 혐오시설 등의 상황을 알기 힘들기 때문이다. 아파트나 오피스텔 투자와 달리 토지는 주변에 비교할 수 있는 것도 없어 답사가 필수다. 명심해야 할 대목이다.

제4계명, 정책을 분석한다

부동산 정책과 맞서지 말라는 말이 있다. 부동산 투자로 부자가 된 이들이 자주 하는 말이다. 부동산 정책의 위력은 메가톤급이어서 현명한 부자들은 절대로 정책과 맞서지 않는다. 단지 정책을 분석하고 냉정하게 대처한다. 이는 정책 변화 하나에 따라 부동산 투자의 결과가 달라지기 때문이다. 그래서 부동산으로 부자가 된 사람들은 절대로 정책 분석을 게을리하지 않는다. 또한 부동산 정책이 발표되면 정책 배경은 물론 파급효과 그리고 타이밍까지 계산하는 노력을 계속한다.

부자들은 부동산 처분 시 무릎에서 사서 어깨에서 판다. 이미 해당 부동산이 과열되어 가격이 천정을 향해 갈 때, 부동산 규제책이 나온다는 사실을 알고 있기 때문이다. 과거와 같이 부동산을 사기만 하면 무조건 상승하던 시대는 끝이 났다. 조금더 상승할 것이라는 망상에 사로잡혔다가는 규제정책에 막혀 처분할 기회를 상실할 가능성이 매우 높다. 그렇기에 적정이익에 도달하면 지체 없는 결단을 내릴 수 있도록 정책분석에 철저한 대비가 필요하다.

제5계명, 성공한 부동산 부자를 멘토로 모신다

부동산 부자들과 함께 시간을 보내다 보면 부자 자신들은 물론이거니와 주변의 전문가도 자연스럽게 접하게 되어 많은 정보를 얻을 수 있다. 부자들을 만나다보면 그들로부터 부동산이나 그밖의 재테크에 대한 많은 정보를 얻을 수 있다. 또한 그들과 어울리다 보면 자연스럽게 정보에 대한 판단이 정확해지고 경제흐름이나 부동산의 분위기를 읽을 수 있게 된다.

부동산 부자들의 특징은 투자와 거주 지역을 구분해 투자한다. 투자 지역의 장점과 단점을 정확하게 분석한다. 그래서 부동산 부자들은 투자 지역의 수익률을 철저히 계산해 투자한다. 또한, 부동산 부자들은 '지금 샀다가 가격이 하락하면 어떻게 하나' 또는 '사고 나서 오르지 않으면 어떻게 하나'라는 고민을 하지 않는다. 그들은 한번 결단을 하면 후회를 하지 않는다. 왜냐하면 후회하면 할수록 판단만 흐리지기 때문이다. 대신 세금과 수익률을 계산해 손절매를 할 것인지 말 것인지에 대해 고민할 뿐이다. 부동산 부자를 멘토로 모시며 그네들의 특징을 몸에 익힌다면 부동산이 상승하는 시기이건 하락하는 시기이건, 언제든 이기는 투자를 하게 될 것이다.

Chapter 08

인구증가율만 따져봐도
반은 전문가다

　어느 유명한 창업컨설턴트는 강의 때마다 창업에 성공하기 위해서는 시대의 트렌드를 읽어야 한다고 주장한다. 소액 투자 역시 마찬가지다. 부동산 시장의 흐름과 트렌드를 이해해야만 성공할 수 있다. 부동산 시장의 흐름을 읽기 위해선 부동산의 특징들을 살펴봐야 하는데 부동산의 대표적인 특징 중 하나는 개별성이다. 세상 어디에도 똑같은 부동산은 존재하지 않는다. 같은 면적의 아파트라도 바로 옆집과 해당 부동산의 가치가 같다고 말하기 어렵다. 그래서 일반적인 부동산 시장에 대한 분석결과나 예측은 내가 관심 있고 알고 싶은 부동산과는 일정한 괴리가 있다. 이런 이유로 관심을 가지는 시장을 세분화(Segmentation)해, 세분화된 시장을 분석하고 예측해야 한다.

그렇다면 초보 투자자들이 어떠한 지표들을 이해하고 분석해야 하는 것일까? 초보 투자자들의 눈높이에서 가장 쉽게 부동산 시장을 이해하는 방법은 두 가지가 있다. 먼저 전문가의 견해를 믿고 따르는 것인데, 잘못된 전문가를 만날 경우 탈이 생길 수 있다. 두 번째로 본인이 전문가들에 대한 견해를 비판적인 시각에서 검증하고 분석해보는 것이다. 우리가 지향하는 바는 두 번째가 되어야 한다.

전문가가 되기 위해서는 투자할 해당 지역을 분석할 수 있는 안목을 길러야 하는데 인구 추이를 통해 비교적 손쉬운 분석이 가능

출처 : 국가통계포털 www.kosis.kr

하다. 인구 추이에 대한 상세한 수치들은 국가통계포털(www.kosis.kr)에 잘 정리되어 있다.

전문가들이 투자의 적지로 꼽는 대표적 지역들은 지속적으로 인구가 증가하는 곳이다. 과거 5년 이상 지속적으로 인구가 늘어나고 있는 시·군·구 지역이라면 부동산 가격이 상승할 가능성이 매우 높은 좋은 투자대상이다. 어떤 전문가는 "아기 울음소리가 들려야 땅값이 오른다"고 한다. 어린아이의 출생률이 높아지면 인구의 자연증가율이 높다는 말과 같다.

그런데 젊은 부부와 아이들에게 가장 필요한 것은 무엇일까? 첫째, 부부가 일하면서 돈을 벌어야 할 일자리일 것이고, 다음으로는 아이들이 공부할 학교와 학원일 것이다. 일자리란 관공서, 금융기관, 공사, 공단, 대기업 본사 등으로, 이런 직장은 많은 인원을 고용하는 좋은 일자리가 된다. 그리고 관련기관도 많이 이전해 인구 흡입효과가 크다. 그래서 이런 지역의 부동산은 오를 수밖에 없다.

일례로 지방의 도청소재지가 이전되거나 중소도시에 새로운 행정타운이 조성되면 그 일대의 부동산 가격이 일제히 상승하는 현상을 볼 수 있다. 학원가의 부동산 가격과 학군이 좋은 지역의 아파트값이 비싼 이유도 마찬가지다. 부동산의 수요가 많아지기 때문이다. 그래서 아기 울음소리가 들리면 땅값이 오르고, 젊은 부부와 아이들이 많은 지역의 땅값은 비싸지게 마련이다.

그리고 좋은 토지를 찾으려면, 토지가 소재하고 있는 행정구역의 땅값 추이를 보거나, 혹은 지난 3년 내지 5년 간 인구증가율과 이동방향을 살펴보면 매우 유용하다. 일반적으로 3년 내지 5년 간 지속적인 인구증가율을 보이는 지역은 분명히 땅값이 오르는 지역이다. 이처럼 인구증가율은 부동산 가격이 오를 수 있다는 확신과 근거를 준다. 경기도 용인시나 화성시, 충남 천안시, 경남 김해시의 경우를 보면 잘 알 수 있다.

인구의 자연증가율과 순이동증가율, 시·군·구 등 어느 지역의 인구증가율을 알려면 인구증가율에 관한 통계자료를 보면 된다. 통계청, 행정자치부, 국토교통부나 해당 시·군·구의 홈페이지를 보면 대개 과거 10여 년간 인구수와 인구증가율이 나온다. 인구증가율은 자연증가율과 순이동증가율로 구성되는데 인구자연증가는 연간 출생인구에서 사망인구를 뺀 것이고, 순이동증가인구는 그 지역에 전입된 인구에서 전출하는 인구를 뺀 것이다.

인구가 증가하는 지역은 자연증가율과 순이동증가율이 모두 높은 지역이다. 자연증가율은 그 지역에 생활터전을 잡고 살면서 아이를 낳는 젊은 층이 많은 지역에서 인구가 늘어나는 경우다. 지금 경기도와 인천의 경우 자연증가율이 안정적이다. 또 경기도와 울산, 경남지역은 과거 수년간 전입인구가 많아서 순이동증가율이 높다. 반면에 그 인접지역인 서울, 부산, 충청도 등은 전출인구가 전입인구보다 많아 인구가 감소하는 추세에 있다. 그래서 서울은

감소 추세이지만 경기도와 인천은 국내에서 가장 높은 인구증가율를 보여준다. 통계청의 인구추세자료에 따르면 10년 후인 2020년경 전국의 인구감소에도 불구하고, 수도권 인구는 전국 인구의 절반을 넘을 것이라고 전망하고 있다.

장기적으로 어느 지역 부동산의 상승 전망이 있는지, 투자처로서 매력이 있는지를 검토하려면, 그 지역과 도시가 자체적으로 발전 가능한 자생력이 있는지, 지속적인 인구유입력과 개발호재 등을 살펴봐야 한다. 인구집중 흡수요인의 관공서, 대기업, 산업체, 공단, 대학교 등의 이전과 대단위 정책사업 및 개발사업이 있는지를 살펴본다. 개발계획의 확실성과 규모, 그 영향력의 강도와 지방 재정 자립도 그리고 직장 일자리 학교 등 도시자체의 자생력을 가질 수 있도록 받혀주는 제반 인구집중시설과 인구흡입력이 도시의 토지 가격에 많은 영향력을 주고 있다. 그 지역의 발전형태가 아파트주거단지를 중심으로 베드타운화 되어 있다면 발전에 한계가 있을 수밖에 없다.

인근 지역과 도시의 팽창속도, 개발압력을 살펴보는 것도 한 방법이다. 두 도시의 중간에 있는 어느 도시의 상권은 거리가 가깝거나, 인구가 많은 쪽으로 생활권이 형성된다는 유통입지의 이론이 있다. 예컨대 경기도 가평에 있어서는 남북으로 지역이 넓고 군내에 인구를 흡수할 수 있는 자생력과 구심점을 가진 지역이 없기에, 북쪽지역은 춘천생활권이고, 남쪽의 청평지역은 남양주 구리지역의 생활권에 흡수된다. 같은 가평이라도 어느 쪽이 어느 방향으로 발전해 땅값이 오를 것인가는 접하고 있는 인근의 발전도시를 살펴보는 것이 빠르다. 이와 같은 이웃도시의 팽창이 인근지역의 땅값을 상승시키는 것을 나비효과라고도 부르는 이들도 있다.

생활권과 인구가 이동하는 방향도 중요한 포인트다. 어느 도시의 발전방향을 보려면, 그 도시에서 거주하는 성인인구의 이동방향을 살펴보면 좋다. 대개의 경우 일자리나 사업체의 근무를 위해 인근도시로 이동하므로, 어느 지역의 생활권에 속해 있는가를 살펴볼 수 있다. 또 학생의 경우에는 어느 쪽의 학교로 많이 가는지를 볼 필요가 있다. 소위 통근·통학자의 이동방향과 비율을 보아서, 그 도시에 자생력이 있는지 또 어느 생활권에 속하는지, 아니면 베드타운에 불과한 것인지를 가늠할 수 있으며, 그러한 요소들이 인접지의 땅값 인상에 중요한 요소가 된다.

주변 인접지역에 통행인구 집중가능성 있는 시설의 유무도 중요한 부분이다. 개별입지검토에 있어서 주변 인접지역에 명승지, 문화재, 관광지, 유명 산 또는 사찰, 휴양림, 스키장, 리조트, 온천 등이 있다면 통행인구가 많을 것이고, 그 길목에서 이러한 유동인구를 흡수할 수 있는 접객시설을 갖추는 것이 유리하다. 이러한 시설로는 펜션, 콘도, 숙박업소, 유명 전원식당(가든), 박물관, 식물원 등이 좋다. 따라서 초기투자 시에도 이러한 시설을 건축할 수 있는 입지를 선택해 투자한다면, 부동산 가격의 상승을 기대할 수 있다.

무엇보다 중요한 것은 지자체의 인구유입 의지와 장기도시발전 계획이다. 지자체의 인구증가와 행정구역 격상의지를 살펴보면, 향후 도시가 발전할 수 있는 역동의 방향을 가늠할 수 있다. 지금 전국적으로 진행 중인 행정구역통합 논의도 관심 있게 주목할 필요가 있다. 그외 지역 국회의원과 지자체장의 노력, 지역개발 호재의 신빙성과 타당성, 전망을 보고, 그 지역의 개발정책과 확정된 장기도시발전기본계획을 확인해 내가 투자하려는 지역이 향후 도시발전과 연계되어 있는가를 검토해야 한다.

다음으로 가구 추이를 분석할 필요가 있다. 인구와 가구는 상당 부분 차이가 있다. 최근의 1, 2인 가구는 예전 가구당 인구수가 많던 시절과는 여러 가지로 다른 분석 결과들을 나타낸다. 최근의 1, 2인 가구의 증가세로 인한 소형주택 및 도시형 생활주택의 붐은 이러한 현상에 대한 시장의 대응이라고 볼 수 있다.

앞에서 살펴본 인구추이와 가구추이도 중요하지만 해당 지역 거주자의 연령분포와 소득추이도 놓쳐서는 안 되는 중요 포인트다. 도대체 이 지역에는 어떤 연령대의 사람들이 얼마만큼의 소득을 창출하며, 또 어디에 얼마를 지출하고 사는가에 대한 정확한 분석이 선행되어야 해당 지역에 어떤 부동산의 수요가 클지를 판단할 수 있다. 이러한 자료 역시 통계청에서 손쉽게 찾아볼 수 있다. 지금 바로 통계청(www.kostat.go.kr)의 사이트를 방문해 지금까지 대충 알고 있던 다양한 정보들에 대해서 심도 있게 살펴보자. 그리고 즐겨찾기에 등록한 후 자주 방문하다보면, 어느 순간 숫자와 시장의 변화가 접목될 것이며, 그때 비로소 시장에 대한 분석결과와 예측이 명쾌하게 실현될 수 있을 것이다.

그리고 거시적, 미시적 트렌드에 대한 이해도 필요하다. 다양한 기관들에서 우리 사회에 대한 많은 트렌드들을 분석하고 있다. 이를 가공해 부동산 시장에도 많은 새로운 트렌드들이 출현하고 있다. 실버, 노마드('유목민'이라는 뜻의 라틴어, Nomad), 유유상종, 개성화, Smart 등 너무나도 많은 다양한 핵심어들이 출현하고 있는데, 이런 부분에도 관심을 갖자. 이러한 폭 넓은 관심과 공부, 분석이 우리의 자산을 늘려주고 보호해줄 것이다.

대박 Tip 부동산 투자에 꼭 필요한 사이트

· 인구유입, 소득수준 등을 알고 싶다면 〈통계청 : kostat.go.kr〉
· 상가투자를 생각하고 있다면 〈상권정보시스템 : sg.sbiz.or.kr〉
· 부동산의 실거래금액을 알고 싶다면 〈부동산실거래가조회 : rt.molit.go.kr〉
· 주택동향에 대해 알고 싶다면 〈주택산업연구원 : www.khi.re.kr〉

Chapter 09

소액 투자,
길을 따라 투자해라!

　비도불행(非道不行), '길이 아니면 가지마라'는 사자성어가 있는데 투자도 마찬가지다. 사람은 길을 따라 움직인다. 길이 생기면서 사람들과 차량의 통행이 늘어나고, 특히 인터체인지 근처, 도로의 종점지역은 교통이 좋아지고 접근성이 개선된다. 종점지역과 도로주변에는 새로운 개발사업이 추진되고 각종 건축물이 들어선다. 즉 토지의 수요가 급격히 늘어나는 것이다. 그래서 길이 뚫리는 곳은 부동산 가격이 상승하게 되어 있다.

　특히 고속도로가 새로 생기거나 고속전철, 지하철 등이 생기면 사람들의 생활반경이 넓어지면서 이동이 빈번해지고, 공장, 물류창고, 주택, 레저 등의 수요가 창출된다. 신도시가 생기기도 하고 대규모 주거단지가 형성되기도 한다. 이러한 도로들에 있어서 가장 큰 혜택을 받는 지역은 종점에 있는 지역과 중간의 나들목(인터체인지)나 역사부근의 역세권인데, 이동시간이 단축되어 교통이 편리해지고 쉽게 접근할 수 있기 때문이다. 일례로 서울~춘천간 동서고속도로의 개통으로 설악, 강촌, 춘천과 홍천의 부동산 가격이 상승했다.

수도권 광역도시계획 간선도로망 계획구상도

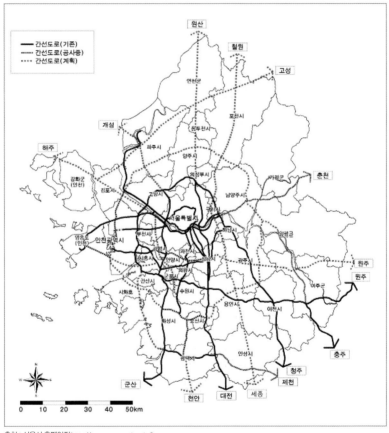

출처 : 서울시 홈페이지(http://opengov.seoul.go.kr/)

국가철도망구축 계획도

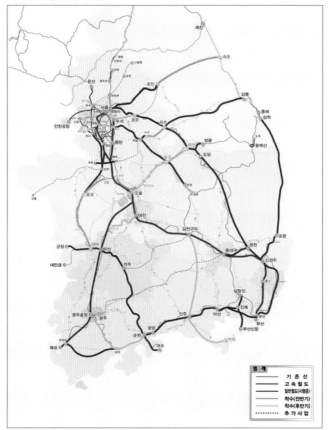

출처 : 국토부

    어느 지역에 길이 새로 뚫리는 경우 땅값은 첫째, 도로의 개설 계획이 확정되어 발표되는 때, 둘째, 착공하는 때, 마지막으로 준공 후 세 차례에 걸쳐 큰 폭으로 상승한다고 한다. 그런데 근래에는 인터넷의 발달로 정보공개가 빨라져 개발계획의 확정 이전에도 기본계획의 발표 시부터 땅값이 오르기 시작한다. 특히 정부의 지방균형개발정책과 지방자치단체의 개발의욕으로 공개적인 구상상태에서부터 정보가 흘러나오는 경우가 많아졌다. 부동산은 이때부터 소리 없이 상승하기 시작해 이미 상당 수준 상승한 후 계획발표가 되곤 한다.

따라서 이러한 투자정보는 빨리 입수할수록 싼 값에 좋은 부동산을 구입할 수 있는 기회를 잡을 수 있다. 개발정보가 일반화되면 해당지역 부동산 가격은 숨 가쁘게 상승할 뿐 아니라 더 좋은 가격을 원하는 소유주들이 매물을 거두기 때문에 저렴한 가격에 매수가 힘들어진다.

그러면 어떤 부동산에 투자해야 되는가? 일반국도가 뚫리는 경우 양쪽 도로 사이의 부분은 다양한 진입로, 편리한 교통으로 개발이 수월해진다. 이런 지역을 주목해 투자하는 것이 좋다. 또 지방의 토지 투자 시 산 밑으로의 막다른 길, 아직 포장이 안 된 길을 주목할 필요가 있다. 막다른 길은 어느 땐가 산을 뚫고 맞은편 도시로 이어지며 교통이 좋아진다. 포장이 안 된 길이 포장되는 것도 시간문제다. 요즈음 지자체들은 주어진 예산으로 열심히 길을 닦고 개선한다. 이런 막다른 길, 비포장 길이 있는 지역의 부동산은 대체로 저렴한 편인데, 긴 안목으로 이런 곳에 일찌감치 투자를 하는 것도 한 방법이다. 이런 곳만 장기적 관점에서 투자해 대박을 맛본 이들도 있다.

보다 넓은 시야에서 길이 없는 맹지도 투자대상이 될 수 있다. 맹지는 진입도로가 없는 토지로, 집을 지을 수 없어 거래가 잘 안되기에 가격이 월등히 저렴하다. 그런데 지금은 맹지지만 장차 국도가 확장되어 도로를 접할 수 있다. 이런 까닭에 현재 가격은 낮지만, 도로를 끼게 되면 가격이 폭등할 것이다. 또 국도노선이 바뀌면서 새롭게 도로와 접하게 될 가능성이 높은 땅도 효자 노릇을 한다. '굽은 허리를 바로 펴라'는 투자격언이 있듯이 국도를 확장할 때는 선형개선도 함께 이루어져 구불구불한 길이 곧게 펴지기 때문이다. 이때 새롭게 국도와 접하게 되는 토지의 투자가치는 높아진다. 그러나 길이 새로 난다고 해서 아무 국도나 고르는 것은 좋지 않다. 국도 중엔 큰 손해를 안겨주는 곳도 있다. 예를 들어 새롭게 개통될 예정인 고속도로와 나란히 달리고 있는 국도는 절대 피한다. 이런 길을 부체도로라고 하는데 절대 투자를 해서는 안 되는 토지다. 고속도로가 개통되면 통행차량의 대부분을 고속도로에 뺏기게 되기 때문이다. 이런 영향으로 국도변의 상가나 주유소 매출은 급격하게 하락하고 결국 토지가격도 폭락하게 된다.

길이 뚫려서 더 나빠지는 경우도 있다. 고속도로변의 땅은 보상을 받는 부분을 제외하고는 토지가 잘리기도 하고, 혹은 개발이 어려워지기도 한다. 특히 기존의 경치 좋은 전원주택 후보지는 고속도로가 지나감으로 그 가치가 크게 떨어진다. 또 고속도로가 생기기 전에는 약간 교통이 불편하더라도 아늑하고 인기 있던 전원주택지가 고속도로가 뚫리며 비인기 지역으로 전락하는 경우도 많다.

우회도로로 기존상권이 몰락하기도 한다. 우회도로가 옆으로 새로 나거나 꼬불꼬불한 길이 직선으로 펴지는 지역의 헌 도로변은 가격이 많이 하락한다. 구 도로에 붙어 호황을 누리던 길가 주유소나 휴게실음식점, 특산물판매점 등은 지나가는 차량이 줄어들어 영업부진을 겪고 결국 폐업하게 된다. 그런 지역은 오히려 전원주택지로 변화시키는 것이 좋지만, 주유소는 철거비용도 만만치 않다. 도로개설 정보에 어두워 이런 지역의 건물과 토지를 뒤늦게 구입하면, 정보에 어두워 잘못한 투자의 전형이라고 볼 수 있다. 이처럼 우회도로가 예상되는 국도의 부동산은 투자 시 신중해야 된다. 비슷한 관점에서 도로여건이 좋아지면 사람들은 흔히 더 큰 도시로 가서 소비를 한다. 때문에 규모가 큰 시·군·구의 중심상가는 번성하는 반면 작은 군이나 읍면 소재지의 기존 상권은 쇠퇴할 수밖에 없다. 국도확장이나 도로 폭이 넓어지는 것이 반드시 모든 시·군에 호재로 작용하는 것만은 아닐 것이다.

대박 Tip
철도 및 도로계획은 어디서 확인하나?

· 국토부 : www.molit.go.kr

· 한국철도시설공단 : www.kr.or.kr

· 각 지자체 홈페이지

소액
토지 투자로
흙수저를
탈출해라!

Chapter 01

아무나 할 수 있지만, 아무나 성공할 수 없는 공동투자

1. 사공이 많으면 산으로 간다

필자의 기존 책들을 읽어봤다면 잘 알 것이다. 그동안 필자가 얼마나 자주, 얼마나 많이 소액 투자에 대한 이야기를 해왔으며, 대표적인 소액 투자 방법은 공동투자라고 주장했는지. 그리고 실제 초보 투자자들이 가장 큰 매력을 느끼는 투자방법 역시 공동투자다. 초보 투자자들의 입장에서는 공동투자가 상당히 매력적으로 느껴질 수밖에 없다. 권리분석, 물건분석, 시세조사 및 현장조사 등 많은 부분이 혼자 하면 엄두도 안 나지만, 혼자가 아닌 다른 누군가와 함께 투자를 한다면 왠지 공동투자자에게 도움을 얻을 수 있다는 생각도 들고, 혼자서는 감당 못할 투자자금도 여럿이 모여 투자를 한다면 그리 어렵지 않게 자금 조달이 가능할 것이라고 생각하기 때문일 것이다.

예를 들어보자. 5억 원짜리 부동산에 투자를 한다고 가정했을 경우 혼자서 투자하게 된다면 대출금을 제외하더라도 최소 1억 5천만 원의 자금과 3억 5천만 원에 대해 현재 금리 기준으로 월 100만 원 가량의 이자(年 3.5%라고 가정한 경우)를 부담해야 할 것이다. 하지만 10명이 공동으로 투자를 한다면 초기 투자자금은 1,500만 원이면 족하며, 부담해야 되는 이자 또한 월 10만 원에 불과하다. 가히 매력적인 투자방법이라고 할 수 있다.

그래서 그런지 필자의 강의를 수강한 초보 투자자들이 강의 후, 마음 맞는 사람들끼리 스터디그룹을 결성했다가 공동투자로 이어지는 경우를 심심찮게 볼 수 있다. 그런데 과연 모든 공동투자가 성공할 것이라고 판단하는가? 성공한 공동투자는 극히 일부에 불과하다. 대부분의 공동투자들은 법정싸움으로 끝을 본다. 이처럼 누구나 할 수 있는 것이 공동투자이지만, 누구나 성공 못 하는 것 또한 공동투자다.

그렇다면 공동투자가 실패하는 이유는 무엇일까? 정답은 '사공이 많으면 배가 산으로 간다'는 옛 속담에서 찾아볼 수 있다. 공동투자가 실패하는 가장 흔한 예를 들어보겠다. 유비, 관우, 장비, 조조, 여포 5명이 부동산 투자에 관심을 가지고 부동산 강의를 수강했다. 강의가 끝난 후 5명은 스터디그룹을 만들어 매주 한 번씩 만나 모의투자도 해보고, 관련 정보도 교환했다. 그러던 중 유비가 공인중개사를 하는 친구로부터 솔깃한 정보를 얻게 된다. 시세가 2억 원 하는 토지인데 주인이 긴박하게 자금이 필요해 1억 5천만 원에 급매로 내놓았다는 것이다. 그리고 물건이 있는 지역 역시 가격이 상승 중인 지역이라 3년만 보유를 하고 있으면 못해도 2배 이상 가격이 상승할 것이라는 것이다.

하지만 자금이 문제였다. 유비는 현재 여윳돈이 3천만 원 뿐인데 대출을 받더라도 1억 5천만 원을 준비하기가 힘들 듯했다. 여기저기 돈을 융통해보려 했는데 그 역시 만만치 않은 상황이었다. 유비는 투자를 하지 못할 경우 큰 손해를 보는 거 같아 잠도 제대로 못 자고 식사도 제대로 못했다. 스터디그룹에서 다른 이들이 유비에게 왜 안색이 나쁘냐고 물어보니 유비가 그동안의 일들을 설명했다. 그러자 조조가 일인당 3천만 원씩 공동투자를 제안했고, 모두 동의해 다음날 바로 현장에 방문했다. 공부한 데로 이것저것 조사를 해본 결과 유비 친구인 공인중개사의 말과 같이 시세보다 5천만 원 저렴하며, 3년만 보유를 하면 2배 이상 가격이 상승할 것 같았다. 5명은 현장에서 당일 바로 계약을 하고, 한 달 뒤 잔금을 치르고 소유권까지 이전했다. 5명 모두의 이름이 들어간 등기권리증을 받은 날 첫 투자의 성공에 축배를 들며 기뻐했다.

그러나 몇 달이 흘러 문제가 발생했다. 문제는 관우였다. 관우는 일찍 부모님을 여의고 동생과 둘이서 생활했다. 그래서 그런지 관우는 동생에게 형만이 아닌 부모와도 같은 존재였다. 관우는 부모님을 대신해 동생에게 내리사랑을 주는 책임감 있고 듬직한 형이었다. 하지만 철딱서니 없는 관우의 동생은 관우가 자신을 위해 희생하며 살아온 것은 몰라주고, 형이니까 당연히 동생인 자신을 돌봐야 한다고 생각했다. 그래서 대학 졸업 후에도 변변한 직업 없이 형에게 용돈을 타며 생활했다. 그런 관우의 동생이 어느 날 한 여자를 데리고 와서는 임신을 했으니 방을 얻어야 된다며 관우에게 괜찮은 집을 알아봤는데 시세보다 저렴한 전세라며 5천만 원을 융통해달라고 떼를 썼다.

동생 사랑이 끔찍한 관우는 5천만 원을 도와주려 했지만 가지고 있는 돈이 천만 원 뿐이었다. 그래서 여기저기 5천만 원을 융통하려 했지만 쉽지가 않았다. 사랑스런 동생에게 돈을 만들어주지 못해 괴로워하던 관우는 불현듯 스터디그룹의 공동투자가 생각났다. 비록 아직 부동산 시세는 많이 오르지 않았지만, 5천만 원 저렴하게 매수했기에 시세인 2억 원으로 매도를 하더라도, 5명이서 똑같이 나누면 4천만 원은 받을 수 있다 생각하니 안도의 한숨을 쉬었다.

관우는 다음날 바로 유비, 장비, 여포, 조조를 불러 자초지종을 설명하고, 1억 5천만 원에 매수해 2억 원에 매도하면 큰돈은 아니더라도 각자 천만 원씩의 수익은 얻을 수 있고, 첫 투자 치고는 괜찮은 수익률이니 부동산을 처분해 각자 돈을 나누자고 제안했다. 다른 이유로 돈이 필요했던 유비와 장비도 관우의 말을 따르기로

했다. 그런데 여포와 조조는 3년만 더 보유해 가격이 2배로 상승하면 투자자금을 제외하더라도 각각 5천만 원 이상의 수익을 얻을 수 있기에 지금은 팔 수 없다고 강경하게 관우의 요청을 거절했다. 그 과정에서 스터디그룹은 두 패로 나뉘었고, 협의과정에서 양쪽 모두 심한 감정의 상처를 입게 되었다. 결국 유비, 관우, 장비는 여포 및 조조를 상대로 공유물분할청구소송을 제기했고 그들은 법정에서 얼굴을 붉혔다. 소설처럼 보일 수도 있지만 공동투자 시 흔하디흔하게 발생하는 실패 케이스다.

2. 성공의 필수조건, 안전장치 & 선장

하지만 공동투자가 반드시 나쁜 것만은 아니다. 앞에서 살펴본 공동투자로 실패한 이유는 안전장치가 없기 때문이다. 몇 가지 안전장치로 얼마든지 리스크를 제거할 수 있는 것이 공동투자다. 가장 손쉬운 안전장치는 투자계약서다. 계약서에 각자의 투자금액, 매도방법 등을 명시한다면 앞서 살펴본 예와 같이 법원에서 서로 얼굴 붉힐 일이 없다. 특히 공증인가에서 계약서를 인증받는다면 더욱더 안전해질 것이다.

그리고 요즘 유행하는 공동투자의 방법으로는 법인을 설립해 법인 명의로 부동산을 매수하고, 투자자들은 법인의 지분만큼 매매차익에 대한 수익을 얻는 방법이 있다. 필자의 경우에도 매년 2~3

회 씩 10여 년에 걸쳐 공동투자를 해본 결과 법인을 통한 공동투자가 가장 효율적이라고 판단한다.

그런데 공동투자에 있어 안전장치보다 더욱더 중요한 것이 있다. 그것은 공동투자라는 커다란 배의 선장인 투자 전문가다. 공동투자 시 투자자들이 얼굴을 붉히는 것은 대부분 수익 분배 과정이다. 그런데 수익 분배는 투자가 성공해야만 가능한 것이다. 만약 투자가 실패했다면 수익 분배로 얼굴 붉힐 일조차 없을 것이다. 그렇기에 필자는 공동투자가 성공하기 위해서 가장 중요한 것은 안전장치가 아닌 투자 전문가, 즉 공동투자라는 배의 리더인 선장이라고 본다.

여기서 의아해하는 이들도 있을 것이다. 성공한 투자 전문가라면 자금상황도 여유로울 텐데, 굳이 왜 머리 아픈 공동투자를 해야 하는지 말이다. 투자 전문가라 해도 혼자서 투자자금을 모으기 힘든 거액 물건들을 간혹 접하게 된다. 이 경우 투자를 포기하기 보단 공동투자를 이용해 수익을 실현할 것이다. 필자 역시 마찬가지다. 2011년 7월 7일 평창이 독일의 뮌헨, 프랑스의 안시를 물리치고 2018년 동계올림픽 개최지로 선정되었다. 모든 국민들이 환호했고 국가적으로 축제의 분위기였다.

물론 필자도 국민의 일원으로서 우리나라의 평창이 동계올림픽 개최지로 선정된 것은 환호했지만, 다른 한편으로는 본업에 충실

해 동계올림픽 개최로 인한 수혜지역에 대해 정보를 수집하고 투자지역에 대해 분석해보았다. 강원도에서 개최되는 지리적 특성상 교통 체증 해소 및 도시 간 접근 시간의 단축이 강원도와 정부의 숙제일 것이다. 아니나 다를까 2017년 말까지 원주~강릉선을 개통하면 KTX를 이용해 서울~강릉을 1시간대로 단축하고, 인천국제공항~강릉은 2시간대로 단축된다고 한다.

강릉시 구간 노선도

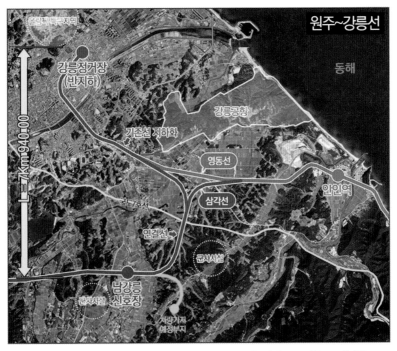

한국철도시설공단의 원주~강릉 철도사업은 2012년 평창군을 시작으로 서원주~남강릉(12개공구)를 착공해, 2017년 완공 목표에 맞추어 정상 추진 중에 있다. 사업이 완공되면 평창동계올림픽의 성공적인 개최 지원과 강릉시 지역 발전에 크게 기여할 뿐 아니라 올림픽 빙상경기장의 접근성도 향상된다.

지도출처 : 네이버

원주~강릉 복선전철 노선도

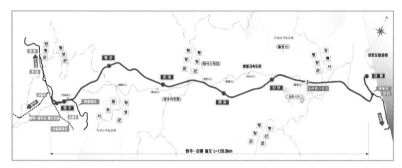

한국철도시설공단이 국가 기간교통망 확충과 2018년 평창 동계올림픽의 성공적인 개최를 위해 2017년 완공을 목표로 추진하는 원주~강릉복선전철의 노선도. 개통 시 수도권과 강원권을 고속의 철도망으로 연결하게 되어, 2018년 평창 동계올림픽의 성공적 개최를 위한 완벽한 수송체계를 갖추게 된다. 또한, 중앙선과 연계한 교통망 구축으로 낙후된 강원지역 개발을 통한 국토의 균형발전을 촉진할 수 있을 것으로 기대되며, 동해권 물류수송의 수도권 직결화로 획기적인 물류비용 절감도 가능하게 된다.

출처 : 국토부

또 육로는 기존의 영동고속도로의 과포화상태로 인해 광주원주선(제2영동고속도로)의 개통으로 육로 교통난을 완화할 계획이라고 한다. 2016년 11월 광주선이 개통되면 수도권과의 접근성이 개선되며 미래가치는 더욱 상승할 것이다.

광주원주선

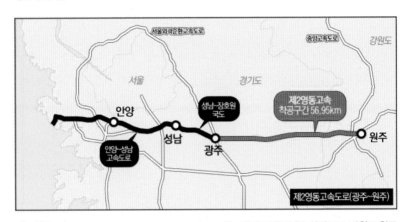

광주원주고속도로(廣州原州高速道路, 고속국도 제52호선)는 경기도 광주시를 기점으로, 강원도 원주시를 종점으로 동서를 잇는 고속도로다. 제2영동고속도로라고도 칭하고 있으나 대통령령에 명시된 정식 명칭은 광주원주선이다. 현재 인천광역시부터 강릉시까지 영동고속도로가 있으나 교통량 증가 및 지역개발을 촉진하기 위해 광주원주고속도로를 건설하게 되었다. 광주원주고속도로는 왕복 4차선으로 중부고속도로 광주 분기점과 영동고속도로 원주 분기점을 동서로 잇는 총 연장 59.6km로 건설된다. 당초 2009년 초 착공해 2013년부터 구간 별로 단계적으로 개통할 예정이었으나, 금융 약정 등으로 연기가 되어 2011년 11월 11일에 전 구간을 착공해 2016년 11월에 전 구간이 개통할 예정이며, 민자사업자가 30년간 운영하는 '수익형 민자사업(BTO)'방식으로 건설된다. 민간투자자본은 1조 2,000억 원이다. 광주원주선이 개통되면 제2경인고속도로 공항신도시 분기점~학익 분기점 인천대교 구간, 제2경인고속도로 학익 분기점~삼막 나들목~여수 나들목(삼막 나들목~여수 나들목 구간 2017년 5월 완공 예정), 성남장호원간 국도(일부 구간 기개통, 2017년 전 구간 완공 예정), 영동고속도로(원주 분기점~강릉 분기점)와 연결이 되어 인천국제공항에서 강릉까지 2시간 50분이 소요되는 최단거리(252㎞) 동서 고속도로망이 완성된다.

설명출처 : 위키백과

　

광주원주선의 나들목(인터체인지)을 중심으로 투자지역을 알아봤다. 필자가 나들목 근처의 토지를 좋은 투자처로 생각하는 이유는 팔당~춘천 간 고속도로로 인해 그 노선 연변에 있는 강촌, 팔봉산, 춘천 남면, 홍천 북방면 등의 토지 가격이 대폭 상승한 것에서 알 수 있듯이, 새로운 고속도로가 개통되거나, 수도권 광역전철이 연장되어, 수도권과의 접근성이 개선되어 통행시간이 단축되면 그 지역의 부동산 가격이 큰 폭으로 상승하기 때문이다. 특히 신설되는 고속도로의 나들목 2Km 이내 인접지역은 후일 가격이 대폭 상승한다. 대개 시설설계 단계에서 나들목으로 예정하는 지역은 민가가 적은 산지지역으로 공익용산지나 임업용산지가 많은 지역이다.

광주원주선의 나들목을 조사해보니 다음의 표와 같았다.

광주원주선 나들목

번호	나들목	접속 노선	위치	비고
1	경기광주 분기점	35호선 중부고속도로	광주시	광주방향은 청주방향 진출 불가
2	초월	국도 제3호선 (경충대로·성남장호원간국도)		
3	동곤지암	국가지원지방도 제98호선 (증평남양주도로)		
4	이포	국가지원지방도 제70호선 (45호선중부내륙고속도로)	여주시	나들목 진출 시 중부내륙고속도로 북여주 나들목과 간접 연결
5	대신	국도 제37호선		
6	동여주	국가지원지방도 제88호선		하이패스 전용 나들목
7	동양평	지방도 제349호선	양평군	
8	서원주	지방도 제409호선	원주시	

하지만 아쉽게도 나들목 근처의 토지는 이미 발 빠른 선수들의 차지가 되어 있었고, 3.3㎡당 100만 원까지 가격이 대폭 상승해 있었다. 당시만 해도 올림픽 유치 열기로 소형 필지는 매물이 나오는 즉시 현장에서 계약이 체결되었기에, 물건을 구경하는 것조차 힘든 상황이었다. 하지만 어디에나 틈새는 있기 마련이다. 8,265㎡의 토지가 3.3㎡당 27만 원에 나와 있는 것을 찾아냈다. 현장 방문 결과 나들목과는 불과 5분 거리에 위치하고 바로 앞에 야산과 계곡이 있어 전원주택부지나 음식점으로 활용하면 큰 수익을 남길 것이라고 판단되었다.

그런데 개인이 투자하기에는 덩치가 워낙에 크고, 건설사가 잡기에는 단가가 좀 세다 보니 한참 동안 주인을 찾지 못하고 있는 토지였다. 처음에는 혼자서 투자하려 계획했으나 당시 일시적으로 자금 순환이 어려워 결국 공동투자를 결심했다. 평소 친분이 있거나 기존에 공동투자를 함께해 신뢰가 구축된 지인 몇 분에게 공동투자를 제안했다. 처음에는 5명 정도의 공동투자로 계획했는데, 소식을 듣고 공동투자를 희망하는 이들이 늘어 최종적으로는 10명이 각각 6,700만 원씩 공동투자를 해 토지를 매수했다. 그리고 한 번 더 마법을 부려 필지를 분할하는 순간 3.3㎡당 35만 원으로 가격이 상승했고, 그후 현재까지 지속적으로 상승 중이다. 2017년 평창올림픽이 개최되면 얼마까지 가격이 오를지 내심 기대된다. 공동투자에서 물건 선전 능력이 있는 선장이 얼마만큼 중요한지를 판단할 수 있는 일례다.

3. 필지분할 VS 지분투자

공동투자는 크게 필지분할과 지분투자로 나뉜다. 앞서 살펴본 필자의 공동투자는 필지분할의 한 예다. 필지분할을 보다 쉽게 설명하자면 공동으로 아파트 한 동을 4명이서 매수한 후 1호 라인은 A, 2호 라인은 B, 3호 라인은 C, 4호 라인은 D로 각각 명의를 달리하는 것이다. 지분투자도 아파트를 예를 들어 설명하겠다. 공동으로 아파트 한 동을 1억 원에 4명이서 매수했다 치면, 4천만 원을 투자한 A는 아파트 한 동에 대해 40%의 지분을 갖는 것이고, 3천만 원을 투자한 B는 아파트 한 동에 대해 30%의 지분을 갖는 것이고, 2천만 원을 투자한 C는 아파트 한 동에 대해 20%의 지분을 갖는 것이고, 1천만 원을 투자한 D는 아파트 한 동에 대해 10%의 지분을 갖는 것이다.

그런데 나중에 A에게 급한 사정이 생긴 경우를 생각해보자. A는 아파트를 처분해 자금을 마련해야 된다. 그런데 필지분할의 경우 1호 라인의 온전한 소유자인 A는 B, C, D의 동의가 없더라도 자유롭게 1호 라인을 매도해 현금화할 수 있다. 반면 지분투자의 경우 A는 아파트 한 동을 통째로 매도한 후 매도가격에서 자신의 지분인 40%를 가져와야 된다. 이 경우 B, C, D가 매도에 협조한다면 다행스러운 일이지만 만약 아파트 가격이 상승기에 있다면 B, C, D는 십중팔구 매도에 반대할 것이다. 그래서 필자는 공동투자에 있어 지분투자는 지양하고 가급적 필지분할 방식을 선호한다.

하지만 예외의 경우도 있다. 바로 역세권과 신도시 투자의 경우다. 확실한 위치와 현명한 리더를 가진 소규모 공동투자그룹은 지분투자를 해도 성공하는 경우가 있다. 역세권이나 신도시는 토지의 용도가 바뀌면 상권이나 주거지가 형성될 가능성이 높아 작은 면적일 경우 지분투자가 유리할 때도 있다. 일례로 당진 합덕 역세권을 보자. 예전 인구가 많았던 당진 합덕읍은 서해안 고속도로가 개통되며 급격히 인구가 감소했다. 사람들이 고속도로를 이용하는 탓에 국도를 이용하지 않았기 때문이고, 그러다 보니 투자자들로부터 소외되는 지역이 되었다. 하지만 당진이 시로 승격되자 합덕읍이 다시 주목받기 시작했다.

특히 당진의 유일한 역세권(서해선 복선전철)인 합덕이 주목받았다. 보통 역사에서 500m 이내를 직접 역세권으로 분류해 상업지가 형성되고, 500~1,000m 사이를 간접 역세권으로 분류해 주거지가 형성된다. 그런데 합덕읍은 경지정리 된 논이기 때문에 한 필지당 평균 5,000m^2가 넘는다. 그런데 경지정리 된 논은 '농지법' 상 4,000m^2가 넘어야 2,000m^2로 분할이 가능하다. 결과적으로 2필지 이상의 분할은 불가능하단 얘기다. 당시 간접 역세권의 평균 시세는 3.3m^2당 30만 원으로 한 필지만 매수하려 해도 4억 5천만 원의 투자자금이 필요했기에 적어도 인당 2억 3천만 원 이상의 투자자금이 필요했다. 공동투자의 의미가 퇴색되는 상황이다. 그래서 이런 상황에서는 부득이 지분투자를 해야하는 경우가 발생하기도 한다. 단, 필자는 부득이한 지분투자라고 하더라도 최대 다섯손가락

이내의 인원과 믿을만한 리더가 있을 때만 투자하기를 바란다. 이 외의 경우에는 법정다툼이 발생할 수 있으니 주의해야 한다. 특히, 본인이 초보 투자자라면 투자를 다시 생각해보길 바란다.

얼마 전 기공식을 마친 서해선 복선전철 공사가 2020년경 완료되면 이 일대 거주자들은 여의도까지 약 한 시간 안에 이동할 수 있다. 인근의 발안산업단지와 향남제약단지에는 3만 5,000여 명이 근무하고 있는 것으로 추산돼 임대수요도 풍부하다. 발안산업단지와 향남제약단지에는 아직 주택이 충분히 공급되지 않았기 때문이다. 그래서 그런지 현재 3.3㎡당 평균 분양가는 450만 원이다. 무려 10배 이상 가격이 대폭 상승했다. 성공적인 지분투자의 한 예라고 할 수 있다. 물론 이와 같은 지분투자는 매도 시 문제가 발생하지 않도록 사전 계약 등 철저한 준비가 필요하다.

대박 Point ⊙

▶ **초보 투자자를 위한 성공적인 공동투자 조건**
- 공동투자는 최대 5인 이상 넘지 않도록 한다.
- 공동투자 시 계약서에 '매도시기' 혹은 '예상 수익 발생 시 매도한다' 등의 조건을 명시한다.
- 지분투자는 최대 5인이 넘지 않도록 하며, 가능한 필지분할 후 개별 등기를 받도록 하자.

지난 2015년 5월 첫삽을 뜬 서해선 복선전철 기공식 현장. 서해선 복선전철은 2020년 완공을 목표로, 총 사업비 3조 8,280억 원이 투입될 예정으로 서해선 복선전철에는 기존의 새마을호에 비해 속도가 1.6배 정도 빠른 시속 250km급 고속 전철이 운행되어 서울까지 1시간대 이동이 가능할 전망이다. 서해선 복선전철이 건설되면 국가 경제발전을 견인할 서해축이 구축돼 서해안 지역의 산업 발전 및 관광,물류 활성화 등에 크게 기여할 것으로 기대된다.

출처 : 국토부

지도출처 : 네이버

서해선복선전철 노선도

Chapter 02

부동산 투자의 종착역 토지,
소액으로 역발상하자

여기에서는 '대박땅꾼'이라는 필자의 닉네임에 걸맞게 토지를 활용한 소액 투자에 대해 서술할 것이다. 그런데 대부분의 투자자들은 토지 투자를 꺼려한다. 이는 토지 투자가 아파트 등의 주거용 부동산보다 여러모로 까다롭고, 초기 투자자금도 많이 들어가기 때문이다. 그래서 많은 부동산 투자자들이 토지 투자를 부동산 투자의 종착역이라고 표현한다. 실제로도 많은 부동산 투자자들이 아파트 등 주거용 부동산에 투자하고, 그다음 상가를 거쳐 최종적으로 토지 투자에 입문한다.

그러나 필자는 달랐다. 필자의 첫 투자는 토지부터 시작되었다. 하지만 필자 역시 초기 투자자금이 적었기에 남들과는 다른 관점에서 토지를 연구하고 접근해 소액으로도 토지 투자가 가능했고,

소액 투자임에도 성공할 수 있었다. 그런데 필자가 성공할 수 있었던 이유가 바로 이런 역발상 때문이었다고 자부한다. 남들이 거들떠보지 않고, 쉽게 지나치는 것에 눈독을 들이고, 전혀 다른 시각으로 세상을 보기 때문에 새로운 시장을 개척해, 소위 말하는 혁신을 이끌어내고 선구자로서 부를 축적할 수가 있었던 것이다.

필자가 지금 '전문가'로 인정을 받을 수 있는 것도, 일반적인 거래로 토지에 투자하는 것이 아니라, 다른 이들이 보지 못하는 것을 머릿속에 그릴 수 있기 때문이라고 생각한다. 하지만 이런 능력은 특별한 것이 아니다. 누구나 조금만 시각을 바꿔 미래를 그리면 가능한 능력이다. 예를 들어, 투자자들이 기피하는 기찻길 옆 토지를 떠올려보자. 시끄럽고 정신 사나워 집을 지어도 아무도 들어와 살려고 하지 않을 것이다. 그래서 이런 곳의 부동산은 다른 곳에 비해 절반을 밑도는 시세로 거래된다. 하지만 필자는 이때 다른 시각으로 생각해보라고 말한다. 만약 시끄러운 것이 별 영향을 끼치지 않는 것이 들어온다면 어떨까? 예를 들어, 시끄러울 수밖에 없는 제조공장은 기차 소음의 영향을 크게 받지 않는다. 혹은 장기보관을 해야 하는 창고업종도 이런 기찻길 옆 토지를 잘 활용할 수 있는 방법이 된다.

투자 시 절대 피해야 되는 송전탑 밑 토지도 마찬가지로 해법이 있다. 송전탑 밑 토지는 주택을 짓기도 힘들고, 시세차익을 기대하기도 힘들다. 그러나 이런 토지도 전혀 쓸모가 없는 것은 아니다. 고압선이 흘러도 지장을 받지 않는 업종 혹은 고압선이 필요한 업종이 분명히 있을 것이다. 예를 들어 물류창고나 제조공장 등 고압선이 필요한 시설로 활용한다면 소액 투자로 대박을 터트릴 수 있다.

송전탑 밑 토지는 일반인들이 기피해 가격이 저렴하다. 하지만 고압선을 필요로 하는 공장이나 창고부지로 활용한다면 그 가치가 달라진다.

폐염전 투자도 비슷한 맥락의 투자방법이 될 수 있다. 염전이라는 곳은 자고로 햇빛이 잘 드는 곳에 위치하기 마련이다. 그러나 이제 제 역할을 하지 못하는 폐염전을 저렴한 가격에 매수해 태양력발전기 설치를 위한 장기임대로 큰 수익을 얻을 수 있었다.

태양광 발전시설 부지로 사용되고 있는 땅

　필자의 지인 중 한 명은 전망은 좋지만 움푹 파여진 낭떠러지 땅을 상속받은 후 지형적 특성을 살려 3층짜리 펜션으로 바꾸는 기지를 발휘했다. 움푹 파여 지대가 낮은 땅은 주차장으로 활용하고 2층을 1층처럼 활용해 이색적인 풍경의 펜션으로 홍보를 한 것이다. 덕분에 이 펜션은 고장의 명소가 되었다. 펜션으로 활용하기 전에는 주변시세의 절반에도 미치지 못했지만 이제는 주변시세가 펜션의 절반에도 미치지 못한다고 한다.

　이처럼 주변 환경을 잘 살피고, 공부하고, 새로운 관점으로 접근하려 노력하면, 쓸모없어 보이는 저렴한 토지에 투자하더라도 큰 성공을 이룰 수 있다. 눈에 보이는 것만으로 생각하지 말고, 돌파구를 찾아보는 발상의 전환이 투자에서 자금보다 더욱더 중요한 자산이다. 첫눈에 부족할지 몰라도, 부족한 부분을 채워주면 큰 수익을 얻을 수 있는 토지는 지천에 널려 있다. 진정한 투자란 바로 부족한 부분을 보완해 더한 가치를 이끌어내는 것이다.

그리고 토지 투자, 특히 소액의 토지 투자에 있어 중요한 것은 바로 미래에 대한 예측이다. 필자가 답사나 세미나를 진행하다 보면 많은 이들이 왜 새만금에 투자하느냐는 질문을 자주 받곤 한다. 그러면 필자는 새만금에 투자하는 이유는 새만금이 투자가치가 있기 때문이라고 답한다. 새만금은 10년 후가 기대되는 좋은 투자처다. 질문을 한 이들에게 10년 전 돈이 있었다면 평택에 투자했을 것이냐고 필자가 다시 질문을 한다. 필자의 질문에 열이면 열 모두 무조건 투자했을 것이라고 대답을 한다. 그러나 과연 그들이 실제 투자를 했었을까? 아마 실제 투자한 이들은 열에 한 명도 안 되었을 것이다. 이는 허허벌판인 부안 땅의 10년 후에 대한 확신이 없는 것처럼, 당시 10년 후인 현재의 평택에 대한 확신이 없었기 때문일 것이다.

그러면 10년 후를 내다보는 토지 투자의 확신을 가질 수 있는 방법은 무엇인가? 바로 개발계획의 주체다. 그래서 '국책사업'이 토지 투자에 끼치는 영향은 지대하다. 국가의 개발계획이 바뀌기란 쉽지 않다. 그리고 국책사업은 초기 단계부터 공개가 된다. 그럼에도 초보 투자자들은 개발 초기 단계에는 투자하지 않는다. 눈에 보이는 확신이 없기 때문이다. 그러면 하다못해 개발이 무릎만큼 진행된 상황에서라도 투자를 해야 되는데, 대부분 그 시점마저 넘기

곤 한다. 현재 새만금이 무릎을 조금 넘긴 상태이기에 지금이 소액 토지 투자의 마지막 기회일지도 모른다.

살다보면 갖가지 위기가 찾아온다. 그런데 성공한 이들 중 위기를 기회로 여기며 슬기롭게 극복한 이들이 많다. 이는 토지 투자도 마찬가지다. 나름 꼼꼼하게 알아본다고 이것저것 다 확인도 하고, 현장답사를 다녀오기도 했지만 정말 생각지도 못한 곳에서 문제가 발생하기도 한다. 예를 들어, 임야에 토지 투자를 하고 보니 표시되지 않은 묘가 발견이 되었다던가, 겨울에 토지에 투자했는데 여름이 되니 축사와 가까워 냄새가 난다던가, 이런 사례들 말이다. 하지만 위기는 언제나 기회가 되기도 한다. 이런 입지의 땅들은 대부분 시세가 저렴하기 때문에 악재를 이겨낼 수만 있다면 짧은 기간 동안 시세차익을 얻을 수 있다.

토지 투자는 한치 앞을 보지 못하는 우리 인생과는 달리 충분히 계획적이다. 지금 이 책을 읽고 있는 모든 분들이 토지의 미래에 투자하길 기원하며 필자가 가진 모든 노하우와 정보들을 이 장에서 공개하겠다.

1. 맹지도 약에 쓰려면 없다

맹지란 무엇인가. 한마디로 정의하면 도로와 맞닿은 부분이 전

혀 없는 토지를 말한다. 즉 지적도
상에서 도로와 조금이라도 접하지
않은 토지다. 옆의 그림이 지적도이
고 1번부터 9번까지가 하나의 필지
라고 가정해보면 5번 필지를 제외
한 모든 필지들은 도로와 맞붙어 있
는 반면 5번 필지는 도로와 접하지

않고 있다. 이 경우 도로와 접하지 않은 5번 필지가 맹지다. 5번 필
지와 같은 맹지의 문제는 건축법에 따라 도로에 2m 이상 접하지
않을 경우 건축이 원칙적으로 불가능하고, 도로에 2m 이상 접했
더라도 자동차가 필요한 건축물이라면 '주차장법'에 따라 도로가
4m 이상 되어야 건축이 가능하다.

  길이 아니면 가지 말아야 된다. 생각해보라. 당신이 토지를 매수
하려는데 건축물도 지을 수 없는 맹지를 매입하겠는지. 이미 지어
진 아파트나 빌라 등 주거용 주택의 경우 도로를 전제로 건축허가
를 받았기에 해당사항이 없으나, 논, 밭, 임야 등의 경우 주택 또는
건물을 건축하거나 개발을 하고자 할 때 진입도로는 그 어느 것보
다 중요한 허가조건이다. 그래서 일반인들이 전원주택을 지으려
토지를 알아보려면 가장 유의해야 하는 부분이 진입도로의 유무
와 그 폭이다. 아무리 주위환경과 경치가 좋은 토지더라도 길이 없
다면 절대 매입해서는 안 되는 토지다.

그렇다면 도로의 요건은 어떻게 되는가. 건축법을 살펴보면 진입도로로 인정받기 위해서는 보행 및 자동차의 통행이 가능한 너비 4m 이상의 도로로써, '국토의 계획 및 이용에 관한 법률', '도로법', '사도법'에 따라 개설된 도로와 시장·군수·구청장 등 건축허가권자가 허가 시 지정·공고한 도로에 국한된다. 그리고 도로란 기본적으로 사람과 차량의 통행이 가능하며, 지적도(임야도)에 표시되는 지적도상 도로인 동시에 실제 사용 중인 현황도로여야만 한다. 가령 지적도에서는 도로로 표시되어 있음에도 실제 밭으로 쓰이고 있어 도로로써의 기능이 없는 경우 실제 통행이 가능한 길을 새로 만들어야 한다.

반면 현재 사람과 차량의 통행에 이용되는 현황상 도로더라도 실제 지목이 밭으로 되어 있고 지적도에도 도로로 되어 있지 않다면 '건축법'상 도로라고 할 수 없다. 진입도로의 폭은 전원주택 등 일반적 경우에는 통상 4m여야 하고, 대지에 2m 이상 접해야 한다. 그러나 전원주택 단지나 창고, 공장 등 유통센터의 경우에는 6m 혹은 8m의 폭을 요구하기도 한다. 또 지형적 조건으로 차량통행을 위한 도로의 설치가 곤란하다고 인정해 시장·군수·구청장 등의 건축허가자가 그 위치를 지정·공고하는 구간에는 너비 3m 이상을 요구하기도 한다. 이러한 도로 폭과 접도의무는 막다른 길과 인구가 적은 섬인 경우 다소 완화해주기도 한다.

결국 맹지는 도로와 접한 토지에 비해 형편없는 가격에 거래가 될 것이다. 그나마 거래라도 된다면 다행이다. 하지만 막상 맹지를 현장답사해보면 지적도상으로는 도로에서 직접 차량으로는 진입할 수 없으나, 실제로는 사람의 통행이 가능한 토지인 경우가 많다. 이와 같은 맹지를 발견했을 때, 필자와 같은 전문가들은 계륵과도 같은 맹지를 멀쩡한 땅으로 만드는 마법을 부릴 수 있다. 그럼 필자의 마법을 살펴보도록 하자.

1) 도로를 개설하기 위한 토지사용승락을 받자

맹지에 진입도로를 내는 방법으로 가장 많이 쓰이는 방법이 진입로를 낼 부분의 지주에게 토지사용의 승낙을 구하는 방법이다. 다음의 그림을 살펴보자. A의 경우 5번 필지는 맹지다. 반면 B의 경우 5번 필지는 더 이상 맹지가 아니다. 6번 필지를 통해 도로와 맞닿은 진입로가 생겼기 때문이다.

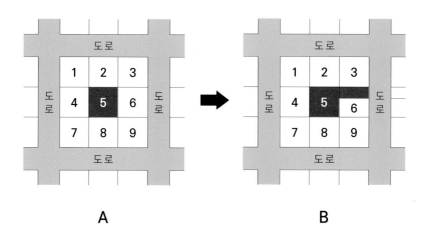

A   B

B와 같이 인근 토지소유자(앞의 그림 6번 필지소유자)로부터 토지 사용에 대한 승낙을 받은 뒤 시장·군수로부터 사도개설허가를 받으면 맹지에도 건축물을 지을 수 있다. 도로개설을 위한 '토지사용승락서'는 정해진 양식은 없으나 사용하는 토지의 지번, 지목, 면적, 사용목적을 명시하고 사용하는 자의 주소, 성명과 토지소유자의 인감을 날인한 후 등기사항전부증명서, 토지(임야)대장과 인감증명서를 첨부하면 된다. 그리고 후일 도로개설을 위한 토지 분할을 위해 측량과 설계도면을 작성해 붙인다.

그런데 중요한 문제가 있다. 6번 필지의 소유자가 무슨 이유로 손해를 감수하며 맹지의 지주를 위해 자신의 토지에 사도를 개설하겠는가? 대부분의 경우 6번 필지소유주에게 사용료를 납부한다. 아니면 필지 분할 후 도로가 될 부분을 매입하는 것도 한 가지 방법이다. 다만 이 경우 6번 필지 소유자가 터무니없는 가격을 요구할 때 옆의 그림과 같이 내 땅의 일부를 땅값으로 대신 잘라 내주는 방법도 있다. 이 방법이 협상에서 난항을 겪을 때 의외로 유용하게 사용되곤 했다.

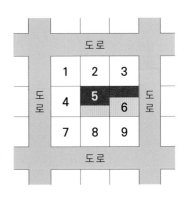

만약 내 뒤에도 나와 같은 맹지가 여러 필지라면 각 지주와 연합해 공유지분으로 사도를 개설할 토지를 매수해 등기하는 방법도

있다. 다음 그림의 경우 5번뿐만이 아니라 1번, 2번, 4번, 7번, 8번의 토지들도 모두 맹지다. 만약 이들과 연합해 6번 필지의 일부를 공유지분으로 매입해 사도를 개설 후 도로지분등기를 할 경우 내가 도로를 사용하는데 전혀 지장이 없을뿐더러, 후일 내 토지를 매도할 때에도 도로 지분을 포함해 매도가 가능하다는 이점이 있다.

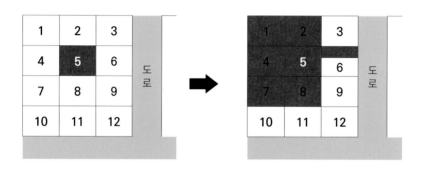

필자의 도움으로 맹지를 활용해 사업가로 변모한 예를 들어보자. 강원도에 거주하면서도 필자의 재테크 세미나라면 어디든 참석하는 청년이 있었다. 필자는 내심 열성적인 청년이 고마웠다. 그러던 어느 날 강연 시작 전 청년이 필자의 대기실로 찾아와 도움을 청했다. 필자의 재테크 세미나에 빠지지 않고 참석하는 청년이 고마웠기에 힘닿는 데로 그를 도와주고 싶었다. 청년의 고민이란 강원도에 토지를 상속받았는데 돌아가신 아버지와 같이 평생 농사를 지으며 살고 싶지는 않고, 상속받은 토지를 매도한 밑천으로 고향에서 사업을 하고 싶다고 했다.

주말에 필자가 청년의 토지를 답사했다. 답사 결과 대규모의 토지였고, 계획관리지역에 지목은 임야였으나 사실상 '토임'이기에 개발하는 데 큰 문제가 없을 것이라 판단되었다. 토지를 매도한 밑천으로 사업을 하는 것보단, 토지를 활용해 찜질방을 하는 것이 어떻겠냐고 제안했다. 청년은 필자의 제안을 흔쾌히 수락했다. 그런데 문제는 도로였다. 평소 근처에 경운기나 트랙터가 다녀 도로는 신경도 쓰지 않는데 지적도를 확인해보니 경운기와 트랙터가 다니던 도로는, 실상 도로가 아닌 '농로'였다. 농로는 지적도상 도로가 아니기에 청년의 토지는 건축행위를 할 수 없는 맹지다. 도로가 없는 맹지이다 보니 건축을 할 수 없는 것이 원칙이다. 특히 주택은 폭 4m, 공장 및 창고는 6~8m 이상 되어야 건축이 가능하다.

토임이란 토지임야의 약자로 지목상 여전히 임야다. 지적도상 임야이나 분명한 경계와 지적도상 도로를 확인하기 위해 그 부분의 임야도를 다시 확대해 그 축적을 크게 한 지적도를 그려놓은 임야를 말한다. 1/3,000 또는 1/6,000의 임야도에서는 대상 토지가 너무 작게 그려져 있어 그 경계와 도로를 확인하기 어렵기 때문이다. 통상 경상도가 낮은 평평한 지반 상태의 1,000평 미만 소규모 임야에 적용된다.

차라리 진입도로용 길을 내는 것이 좋을 듯했다. 실제로 마을소로까지 거리가 멀지 않고, 바로 옆에 붙은 이웃의 토지도 결국에는 맹지 형태라 토지사용승락서를 받아 길을 내기로 결정했다. 생각보다 저렴한 가격의 토지보상비용을 제시했는데 옆 토지 지주가 흔쾌히 승낙했다. 토지사용승락서를 받아 만드는 땅은 사도이지만, 사도의 지목은 '도로(도)'가 된다(측량사무소에 의뢰하면 정말 간단하게 해결된다). 넉넉하게 폭을 6m로 잡아 진입용 도로를 만들어 찜질방을 건축했다.

물론 토지사용승락과 관련한 토지보상비용, 사도의 건축비 등 예상치 못한 비용이 지출되었지만, 현재 이 토지는 맹지를 벗어났기에 30% 가량 시세가 상승했고, 찜질방은 인터넷 등으로 많은 홍보활동을 해 지역의 명소가 되었다. 게다가 토지사용승락을 해준 옆 지주 역시 자신의 토지가 본디 시세보다 상승해 큰 이득을 얻었다고 한다. 모두가 행복한 해피엔딩이다.

이런 사례는 강원도뿐만 아니라 부안과 같은 곳에서도 흔히 볼 수 있다. 전북에서 가장 유명한 사찰인 내소사 인근에는 농지를 지목변경해 찜질방으로 탈바꿈하는 사례가 많다. 찜질방 등으로 개발하는 경우에는 사계절 두루두루 인기 있는 관광코스가 되고, 내소사를 방문하는 외국 관광객들에게도 큰 호응을 이끌고 있다.

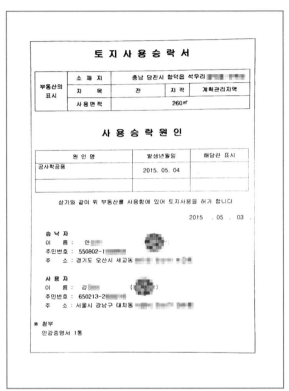

필자가 실무에서 사용하는 토지사용승락서. 특별하게 정해진 양식은
없으니 위와 같이 만들어 사용하면 된다.

2) 맹지를 위한 법률, 주위토지통행권

주위토지통행권이란 토지소유자가 주위의 토지를 통행할 수
있도록 법률에 따라 보장되는 권리다. '민법' 제219조에 따를 경
우 맹지의 소유자는 주위의 토지를 통행 또는 통로로 하지 않으
면 공로로 출입할 수 없거나 과다(過多)한 비용을 요하는 때에는
그 주위의 토지를 통행할 수 있다. 주위토지통행권은 단순히 통
행하는 권리뿐만 아니라 통로개설권도 포함된다. 단, 주위토지통

행권자(맹지소유자)가 통행지를 혼자 독점해 사용할 수는 없고, 통행지소유자와 함께 사용해야 한다. 주위토지통행권자(맹지소유자)는 통행지소유자에게 최소한의 손해를 끼치는 방법으로 통행지를 사용해야 하고, 통행지소유자에게 통로 사용에 대한 손실을 보상해야 한다. 동법 제220조에는 필지분할로 맹지가 생긴 경우 그 토지소유자는 공로에 출입하기 위해 다른 분할자의 토지를 통행할 수 있으며, 이 경우에는 보상의 의무가 없다고 했으며 이는 토지의 일부를 양도한 경우에도 준용된다.

'민법'

제219조(주위토지통행권)

① 어느 토지와 공로사이에 그 토지의 용도에 필요한 통로가 없는 경우에 그 토지소유자는 주위의 토지를 통행 또는 통로로 하지 아니하면 공로에 출입할 수 없거나 과다한 비용을 요하는 때에는 그 주위의 토지를 통행할 수 있고 필요한 경우에는 통로를 개설할 수 있다. 그러나 이로 인한 손해가 가장 적은 장소와 방법을 선택하여야 한다.
② 전항의 통행권자는 통행지소유자의 손해를 보상하여야 한다.

제220조(분할, 일부양도와 주위통행권)

① 분할로 인하여 공로에 통하지 못하는 토지가 있는 때에는 그 토지소유자는 공로에 출입하기 위하여 다른 분할자의 토지를 통행할 수 있다. 이 경우에는 보상의 의무가 없다.
② 전항의 규정은 토지소유자가 그 토지의 일부를 양도한 경우에 준용한다.

몇 해 전 부안에 맹지 한 필지를 매수했다. 매수 전 도로와 통하는 토지소유자와 토지사용에 대한 협의가 구두로는 마무리가 되었기에 맹지를 헐값에 매수했다. 그런데 막상 맹지를 매수하고 등기를 마치자 옆 토지소유자가 돌변하더니 구두로 협의된 사용료 보다 큰 금액을 요구하기 시작했다. 몇 번의 협상이 난항을 겪자 양측 모두 감정이 상했다. 그러자 갑자기 옆 토지소유자가 통행을 방해했다. 이런 경우 주위토지통행권 확인소송을 제기하거나 통행방해금지 가처분 신청을 할 수 있다.

단, 주위토지통행권을 맹신한 나머지 맹지를 매수하면 큰 손해를 입을 수 있다. 이와 관련된 판례를 몇 개 소개하겠다. 주위토지통행권의 행사와 관련해 큰 도움이 될 것이니 다소 어렵더라도 몇 번에 걸쳐 읽어보길 바란다.

주위토지통행권의 범위와 관련한 판례(대법원 2006.06.02. 선고 2005다70144 판결)

【판시사항】
[1] 민법 제219조에 규정된 주위토지통행권이 인정되는 경우, 그 통행로의 폭과 위치를 정하는 기준 및 주위토지통행권을 자동차의 통행이 가능한 범위까지 허용할 것인지 여부
[2] 주위토지통행권의 확인을 구하는 특정의 통로 부분 중 일부분이 주위토지통행권에 관한 규정인 민법 제219조에 정한 요건을 충족하는 경우, 법원이 취하여야 할 조치
[3] 주위토지통행권의 행사에 의하여 그 통행에 방해되는 축조물의 철거를 청구할 수 있는지 여부(적극)

【판결요지】

[1] 민법 제219조에 규정된 주위토지통행권은 공로와의 사이에 그 용도에 필요한 통로가 없는 토지의 이용이라는 공익목적을 위하여 피통행지 소유자의 손해를 무릅쓰고 특별히 인정되는 것이므로, 그 통행로의 폭이나 위치 등을 정함에 있어서는 피통행지의 소유자에게 가장 손해가 적게 되는 방법이 고려되어야 할 것이고, 어느 정도를 필요한 범위로 볼 것인가는 구체적인 사안에서 사회통념에 따라 쌍방 토지의 지형적·위치적 형상 및 이용관계, 부근의 지리상황, 상린지 이용자의 이해득실 기타 제반 사정을 기초로 판단하여야 하며, 토지의 이용방법에 따라서는 자동차 등이 통과할 수 있는 통로의 개설도 허용되지만 단지 토지이용의 편의를 위해 다소 필요한 상태라고 여겨지는 정도에 그치는 경우까지 자동차의 통행을 허용할 것은 아니다.

[2] 주위토지통행권의 확인을 구하기 위해서는 통행의 장소와 방법을 특정하여 청구취지로써 이를 명시하여야 하고, 또한 민법 제219조에 정한 요건을 주장·입증하여야 하며, 따라서 주위토지통행권이 있음을 주장하여 확인을 구하는 특정의 통로 부분이 민법 제219조에 정한 요건을 충족한다고 인정되지 아니할 경우에는 다른 토지 부분에 주위토지통행권이 인정된다고 할지라도 원칙적으로 그 청구를 기각할 수밖에 없으나, 이와 달리 통행권의 확인을 구하는 특정의 통로 부분 중 일부분이 민법 제219조에 정한 요건을 충족하여 주위토지통행권이 인정된다면, 그 일부분에 대해서만 통행권의 확인을 구할 의사는 없음이 명백한 경우가 아닌 한 그 청구를 전부 기각할 것이 아니라, 그 부분에 한정하여 청구를 인용함이 상당하다.

[3] 주위토지통행권의 본래적 기능발휘를 위해서는 그 통행에 방해가 되는 담장과 같은 축조물도 위 통행권의 행사에 의하여 철거되어야 한다.

【주 문】

원심판결을 파기하고, 사건을 서울중앙지방법원 합의부에 환송한다.

【이 유】

민법 제219조에 규정된 주위토지통행권은 공로와의 사이에 그 용도에 필요한 통로가 없는 토지의 이용이라는 공익목적을 위하여 피통행지 소유자의 손해를 무릅쓰고 특별히 인정되는 것이므로, 그 통행로의 폭이나 위치 등을 정함에 있어서는 피통행지의 소유자에게 가장 손해가 적게 되는 방법이 고려되어야 할 것이고, 어느 정도를 필요한 범위로 볼 것인가는 구체적인 사안에서 사회통념에 따라 쌍방 토지의 지형적·위치적 형상 및 이용관계, 부근의 지리상황, 상린지 이용자의 이해득실 기타 제반 사정을 기초로 판단하여야 하며(대법원 2005. 7. 14. 선고 2003다18661 판결 등 참조), 토지의 이용방법에 따라서는 자동차 등이 통과할 수 있는 통로의 개설도 허용되지만 단지 토지이용의 편의를 위해 다소 필요한 상태라고 여겨지는 정도에 그치는 경우까지 자동차의 통행을 허용할 것은 아니다(대법원 1994. 10. 21. 선고 94다16076 판결 등 참조).

원심은 그 채용 증거를 종합하여 그 판시와 같은 사실을 인정한 다음, 원고가 그 소유의 토지에서 공로에 출입하기 위하여 피고 소유의 이 사건 토지를 통행할 수 있는 권리가 있다고 인정하고, 나아가 그 통행권의 범위에 관한 원고의 주장, 즉 원고 선친들의 가족묘지로 사용되고 있는 위 토지에서 성묘, 벌초, 벌초 후의 초목 반출, 분묘의 설치 및 이장, 비석과 상석의 설치, 식목조경 등의 작업을 위해서는 차량의 출입이 필수적이라는 주장에 대하여, 공로에서부터 제3자 소유의 토지 및 피고 소유의 토지를 차례로 거쳐 원고 소유 토지에 이르기까지의 거리가 약 100m 정도로 가깝고(원심에서의 측량감정 결과에 의하면, 그 중에서 피고 소유 토지 부분은 약 44m에 불과하다) 위 각 토지가 평지인 점 등에 비추어 볼 때 도보로도 충분히 그 목적을 달성할 수 있으며, 그로 인한 비용이 크게 늘어나는 것도 아닐 뿐더러, 위와 같은 작업들이 상시적으로 있는 것이 아닌 점, 이 사건 토지들 주변은 제주시 소유의 공동묘지로서 분묘들이 산재하여 있고 피고도 묘지를 설치하기 위하여 토지를 구입한 점 등 이 사건 각 토지의 이용관계 및 현황, 당사자의 이해관계, 주위환경을 고려할 때, 원고에게 피고 소유의 토지 중 청구취지 기재와 같은 폭 3m의 통로를 차량을 이용하여 통행할 권리는 인정되지 아니하고, 다만 도보를 통하여 출입하는데 필요한 범위 내에서만 주위토지통행권이 인정된다고 판단하였는바, 앞서 본 법리와 이 사건 기록에 비추어 살펴보면 이러한 원심의 사실인정이나 판단은 정당한 것으로 수긍되고, 거기에 상고이유의 주장과 같은 채증법칙 위배나 주위토지통행권의 범위에 관한 법리오해 등의 위법이 없다.

그러나 원심이 원고의 이 사건 통행권 확인 청구는 토지 통행의 목적 범위를 벗어나는 것이어서 부당하다는 이유로 그 청구 전부를 기각한 조치는 수긍하기 어렵다.

원심이 인용하고 있는 바와 같이, 주위토지통행권의 확인을 구하기 위해서는 통행의 장소와 방법을 특정하여 청구취지로써 이를 명시하여야 하고, 또한 민법 제219조 소정의 요건을 주장·입증하여야 하며, 따라서 주위토지통행권이 있음을 주장하여 확인을 구하는 특정의 통로 부분이 민법 제219조 소정의 요건을 충족한다고 인정되지 아니할 경우에는 다른 토지 부분에 주위토지통행권이 인정된다고 할지라도 원칙적으로 그 청구를 기각할 수밖에 없는 것이지만(대법원 1992. 7. 24. 선고 91다47086, 47093 판결, 2004. 12. 24. 선고 2004다51757, 51764 판결 등 참조), 이와 달리 원고가 통행권의 확인을 구하는 특정의 통로 부분 중 일부분이 민법 제219조 소정의 요건을 충족하여 주위토지통행권이 인정된다면, 원고에게 그 일부분에 대해서만 통행권의 확인을 구할 의사는 없음이 명백한 경우가 아닌 한 원고의 청구를 전부 기각할 것이 아니라, 그 부분에 한정하여 원고의 청구를 인용함이 상당하다.

그런데 이 사건 기록에 의하면, 원고가 차량을 이용한 통행의 필요성이 있다고 주장하면서 통행권의 확인을 구하는 통로 부분은 피고 소유 토지의 남쪽 경계선에 설치된 담장을 따라 약 3m의 일정한 폭으로 특정한 것으로서, 원고 소유의 토지에서 공로에 이르는 최단거리의 통로이고, 본래 1필지이던 원고 소유의 토지와 피고 소유의 토지가 분할된 후 피고가 그 토지를 취득하기 전부터 원고가 통로로 사용하여 왔던 부분일 뿐만 아니라, 피고로서도 토지 매수 당시 그러한 원고의 통행사실을 알고 있었음을 알 수 있다. 그렇다면 비록 원고에게 차량을 이용하여 피고 소유의 토지를 통행할 권리는 없고 다만 도보로 통행할 권리만이 인정된다고 하더라도, 그 통행으로 인한 손해가 가장 적은 장소는 원고가 확인을 구하는 통로 부분 중의 일부에 해당하는 것으로 봄이 상당하므로, 이러한 경우 원심으로서는 원고가 확인을 구하는 특정의 통로 부분 전부가 민법 제219조 소정의 요건을 충족하는 것은 아니라는 이유로 원고의 청구를 기각할 것이 아니라, 원고에게 도보 통행에 필요한 부분에 대해서만 통행권의 확인을 구할 의사가 있는지 여부, 나아가 도보로 통행하는데 필요한 통로의 폭 및 통로 부분의 면적을 심리한 다음, 원고의 명백한 의사에 반하지 않는 한 원고의 청구를 일부 인용하였어야 할 것이다. 그러므로 이 부분 원심판결에는 주위토지통행권 및 처분권주의에 관한 법리오해, 석명권불행사, 심리미진으로 인하여 판결에 영향을 미친 위법이 있다고 할 것이니, 이 점을 지적하는 상고이유의 주장은 이유 있다.

한편, 주위토지통행권의 본래적 기능발휘를 위해서는 그 통행에 방해가 되는 담장과 같은 축조물도 위 통행권의 행사에 의하여 철거되어야 하는 것인바(대법원 1990.11.13. 선고 90다5238, 90다카27761(병합) 판결 참조), 원심이 원고에게 피고 소유의 토지 중 도보를 통하여 출입하는데 필요한 범위에 대하여 주위토지통행권이 인정된다고 하는 한편, 토지 경계에 설치된 담장은 통행에 방해가 되는 장애물이라고 하면서도 그 담장의 철거청구를 배척한 조치에는 판결이

유의 모순 또는 주위토지통행권에 대한 법리를 오해하여 판결에 영향을 미친 위법이 있다고 할 것이므로, 이 부분 상고이유의 주장 역시 이유 있다.

따라서 원심판결을 파기하고, 사건을 원심법원에 환송하기로 하여 주문과 같이 판결한다.

(출처 : 대법원 2006.06.02. 선고 2005다70144 판결)

주위토지통행권은 현재의 토지 용법에 따른 이용 범위에서 인정되는 것이지, 장래 토지 이용 상황까지 대비해 주어지는 권리가 아니며, 주위토지통행권에 따른 통로개설 및 유지비용의 부담 및 손해배상과 관련한 판례(대법원 2006.10.26. 선고 2005다 30993 판결)

【판시사항】

[1] 도로 폭에 관한 건축 관련 법령 규정과 주위토지통행권의 범위의 관계 및 그 통행권의 범위를 정할 때에 피포위지의 장래 이용상황까지 대비하여야 하는지 여부(소극)

[2] 주위토지통행권자가 민법 제219조 제1항 본문에 따라 통로를 개설하는 경우, 통행지 소유자가 부담하는 의무의 내용 및 그 통로개설·유지비용과 통행지 소유자의 손해의 부담자(=주위토지통행권자)

[3] 원심판결이 주위토지통행권을 인정하면서 통행지 소유자에게 통행지에 설치된 배수로의 철거의무까지 있다고 판단한 것을 주위토지통행권의 효력에 관한 법리오해 등을 이유로 파기한 사례

【판결요지】

[1] 건축 관련 법령에 정한 도로 폭에 관한 규정만으로 당연히 피포위지 소유자에게 반사적 이익으로서 건축 관련 법령에 정하는 도로의 폭이나 면적 등과 일치하는 주위토지통행권이 생기지는 아니하

고, 다만 법령의 규제내용도 참작사유로 삼아 피포위지 소유자의 건축물 건축을 위한 통행로의 필요도와 그 주위토지 소유자가 입게 되는 손해의 정도를 비교형량하여 주위토지통행권의 적정한 범위를 결정하여야 한다. 그리고 그 통행권의 범위는 현재의 토지의 용법에 따른 이용의 범위에서 인정할 수 있을 뿐, 장래의 이용상황까지 미리 대비하여 정할 것은 아니다.

[2] 주위토지통행권자가 민법 제219조 제1항 본문에 따라 통로를 개설하는 경우 통행지 소유자는 원칙적으로 통행권자의 통행을 수인할 소극적 의무를 부담할 뿐 통로개설 등 적극적인 작위의무를 부담하는 것은 아니고, 다만 통행지 소유자가 주위토지통행권에 기한 통행에 방해가 되는 담장 등 축조물을 설치한 경우에는 주위토지통행권의 본래적 기능발휘를 위하여 통행지 소유자가 그 철거의무를 부담한다. 그리고 주위토지통행권자는 주위토지통행권이 인정되는 때에도 그 통로개설이나 유지비용을 부담하여야 하고, 민법 제219조 제1항 후문 및 제2항에 따라 그 통로개설로 인한 손해가 가장 적은 장소와 방법을 선택하여야 하며, 통행지 소유자의 손해를 보상하여야 한다.

[3] 원심판결이 주위토지통행권을 인정하면서 통행지 소유자에게 통행지에 설치된 배수로의 철거의무까지 있다고 판단한 것을 주위토지통행권의 효력에 관한 법리오해 등을 이유로 파기한 사례.

【주 문】

원심판결 중 배수로 철거에 관한 부분을 파기하고, 이 부분 사건을 부산지방법원 본원 합의부로 환송한다. 원고의 상고와 피고의 나머지 상고를 모두 기각한다.

【이 유】

상고이유를 본다.

1. 원심의 판단

원심판결 이유에 의하면 원심은, 원고가 당초 이 사건 토지에 진입로가 없다는 것을 알고 이를 매입한 점, 원고는 1989. 8. 주택조합 설립인가를 받았으나 1991. 8. 그 인가가 취소되었을 뿐 아니라 그 후에도 진입로를 확보할 기회가 있었음에도 10년 이상이나 아파트 건설사업을 제대로 진행하지 못한 점, 이 사건 토지 대부분은 자연녹지지역으로 아파트 건설은 불가능하고, 건축이 가능한 부분에 대하여 관련 법령상 건폐율 및 용적률의 최대치를 적용해도 24평형 20세대 정도밖에 건축할 수 없어 아파트 건설사업을 계속 추진할 것인지도 불가능한 점, 현재 이 사건 토지는 아무도 점유하거나 관리하고 있지 않은 반면 피고의 주위토지상에 건설된 아파트는 이미 준공검사까지 마친 상태인 점, 원고 주장대로 폭 6m의 통행로를 인정한다면 피고의 토지 위에 건축된 옹벽의 일부까지 철거하여야 하는 점 등에 비추어 보면, 원고가 향후 이 사건 토지상에 2개동 200세대 아파트를 신축할 계획을 갖고 있다는 사정만으로 피고의 토지상에 원고가 건축허가를 받기 위하여 필요한 폭 6m의 통행로를 보장하는 주위토지통행권이 인정된다고 할 수는 없으므로, 원고가 주위토지통행권을 행사할 수 있는 범위는 사람이 이 사건 토지에서 공로에 출입할 수 있을 뿐 아니라 다소의 물건을 운반할 정도의 폭이 확보되고, 피고로서도 그 소유지상에 건축된 아파트 내부의 사용을 방해받지 않는 범위인 피고 토지에 설치된 옹벽 바깥 부분(약 3~6m 정도의 폭)으로 봄이 상당하고, 나아가 그 통행을 보장하기 위하여 피고는 원고에게 옹벽 바깥 부분에 설치한 배수로 중 위 통행권이 인정되는 범위 내에 있는 부분을 철거할 의무가 있다고 판단하였다.

2. 원고의 상고이유 중 사실오인 주장에 대하여

기록에 비추어 검토하여 보면, 원고가 맹지인 이 사건 토지를 취득한 경위 및 그 후 진입로를 확보하기 위한 별다른 노력이 없었고 이 사건 토지상에 대규모의 아파트 건축은 사실상 불가능하다는 점에 대한 원심의 위와 같은 사실인정은 정당한 것으로 넉넉히 수긍할 수 있고, 거기에 원고가 상고이유로 주장하는 바와 같이 채증법칙 위배 또는 심리미진으로 인한 사실오인 등의 잘못이 있다고 할 수 없다.

3. 원고의 상고이유 및 피고의 상고이유 중 각 주위토지통행권의 범위에 관한 법리오해 주장에 대하여

원심이 원고에게 인정한 주위토지통행권의 범위에 관하여, 원고는 그 범위가 너무 작다고 다투고, 피고는 반대로 그 범위가 너무 넓다고 다투면서, 각각 원심의 조치에는 주위토지통행권의 범위에 관한 법리를 오해한 위법이 있다고 주장하므로, 이 부분 원고와 피고의 상고이유를 함께 본다.

건축 관련 법령에 정한 도로 폭에 관한 규정만으로 당연히 피포위지 소유자에게 그 반사적 이익으로서 건축 관련 법령에 정하는 도로의 폭이나 면적 등과 일치하는 주위토지통행권이 생기는 것은 아니고, 그러한 법령의 규제내용도 그 참작사유로 삼아 피포위지 소유자의 건축물 건축을 위한 통행로의 필요도와 그 주위토지 소유자가 입게 되는 손해의 정도를 비교형량하여 주위토지통행권의 적정한 범위를 결정하여야 할 것이고(대법원 1992. 4. 24. 선고 91다32251 판결, 1994. 2. 25. 선고 93누20498 판결 등 참조), 그 범위는 현재의 토지의 용법에 따른 이용의 범위에서 인정되는 것이지 더 나아가 장차의 이용상황까지 미리 대비하여 통행로를 정할 것은 아니다(대법원 1996. 11. 29. 선고 96다33433, 33440 판결 참조).

이 사건에서 사실관계가 원심이 인정한 바와 같다면, 원고에게 그 주장과 같은 아파트 건축에 객관적 상당성이 인정되지 않고 장래의 이용상황도 불투명하여 원고의 아파트 건축을 위한 폭 6m의 통행로의 필요도는 그다지 크지 않다고 보이는 반면, 이미 준공검사까지 받은 아파트 단지의 옹벽을 헐어내면서까지 폭 6m의 통행로를 확보하여 주는 것은 주위토지의 소유자인 피고에게 지나친 손해를 강요하는 것이 됨은 명백하므로, 원심이 원고에게 이 사건 토지를 위하여 피고

소유의 주위토지통행권을 인정하면서 그 범위를 원고가 주장하는 폭 6m 전부로 정하지 아니하고 피고 소유의 주위토지에 설치된 옹벽 바깥 부분만으로 정한 조치에, 주위토지통행권의 범위에 관한 법리를 오해하여 그 범위를 너무 적게 인정한 잘못이 있다고 할 수 없다.

한편, 원심이 원고에게 통행권을 인정한 범위는 피고 소유의 주위토지 중 그 지상에 성토되어 건축된 아파트 단지에서 옹벽과 철망으로 경계 지워진 바깥 부분으로, 위 토지보다 더 고지인 피고 소유의 이 사건 토지로부터의 배수를 위하여 설치한 배수로와 관련한 사항 외에는 그 지상에 건축된 아파트 주민들이나 피고의 직원들이 통행하거나 사용할 가능성이 거의 없는 부분이라고 할 것이므로, 앞서 본 주위토지통행권의 범위에 관한 법리에 따라 원고의 통행로의 필요도와 피고의 손해의 정도를 비교형량하여 볼 때, 위와 같은 원심의 조치에 주위토지통행권의 범위에 관한 법리를 오해하여 그 범위를 너무 넓게 인정한 잘못이 있다고 할 수도 없다.

따라서 원심판결에 주위토지통행권의 범위에 관한 법리오해의 위법이 있다는 원고와 피고의 각 상고이유의 주장은 모두 받아들일 수 없다.

4. 피고의 상고이유 중 배수로 철거에 관한 법리오해 내지 심리미진 주장에 대하여 원심은 그가 판시하는 범위 안의 토지에 관하여 원고에게 주위토지통행권이 있다고 판시하면서, 그 부분의 통행을 보장하기 위해 피고에게 그 토지 안에 설치되어 있는 배수로의 철거를 명하고 있으나 이 점은 매우 의문이다.

민법 제219조 제1항 본문에 의하여 주위토지통행권자가 통로를 개설하는 경우 통행지 소유자는 원칙으로 통행권자의 통행을 수인할 소극적 의무를 부담할 뿐 통로개설 등 적극적인 작위의무를 부담하는 것은 아니고, 다만 통행지 소유자가 주위토지통행권에 기한 통행에 방해가 되는 담장 등 축조물을 설치한 경우에는 주위토지통행권의 본래적 기능발휘를 위하여 통행지 소유자가 그 철거의무를 부담하게 되는 것이며(대법원 1990. 11. 13. 선고 90다5238, 90다카27761 판결, 2006. 6. 2. 선고 2005다70144 판결 등 참조), 나아가 주위토지통행권이 인정되는 때에도 그 통로개설이나 유지비용은 주위토지통행권자가 부담하여야 함은 물론, 그 경우에도 민법 제219조 제1항 후문 및 제2항에 따라 그 통로개설로 인한 손해가 가장 적은 장소와 방법을 선택하여야 하고 통행지 소유자의 손해를 보상하여야 하는 것이다.

따라서 피고에게 위 배수로의 철거를 명하기 위해서는 먼저 그 배수로가 과연 철거를 명할 정도로 통행에 방해를 줄 것인지 여부를 심리하여야 할 것이고, 나아가 통행에 방해가 된다고 인정된다 하더라도 배수로의 원래의 기능이 무엇이며 이를 철거하는 경우에 피고가 받는 불이익이 무엇인지도 심리·교량한 다음, 그 배수로를 철거하지 않고 교량을 설치하든가 이를 복개하는 방법으로 통행 장애를 극복할 방법이 있다면 그러한 방법을 택함이 합리적일 것이며, 이 경우 그에 필요한 비용은 통로의 개설에 필요한 비용으로서 원고가 부담할 성질이라 할 것이고(대법원 2003. 8. 19. 선고 2002다53469 판결 참조), 궁극적으로 배수로를 철거하지 않으면 통행을 하기 어렵다고 판단되는 경우에도 이를 철거하는 비용을 과연 피고로 하여금 부담하게 할 것인지 여부도 매우 의문이므로 이 점에 관해서도 더 심리가 필요하다 하겠다(배수로를 철거하는 방법으로 단지 흙 등으로 매립하는 것만으로 충분하다면 이는 전체적으로 통로개설에 필요한 비용으로서 원고가 부담할 것으로 못 볼 바 아니다).

그럼에도 불구하고, 그러한 심리에 나아가지 아니한 채 아무런 이유의 설시도 없이 바로 피고에게 배수로 철거의무가 있다고 인정한 원심의 조치에는, 주위토지통행권의 효력에 관한 법리오해, 이유불비 내지 심리미진으로 인하여 판결 결과에 영향을 미친 위법이 있다고 할 것이고, 이를 지적하는 피고의 이 부분 상고이유의 논지는 이유 있다.

5. 결 론

그러므로 원심판결 중 배수로 철거에 관한 부분을 파기하여, 이 부분 사건을 다시 심리·판단하게 하기 위하여 원심법원으로 환송하기로 하고, 원고의 상고와 피고의 나머지 상고는 모두 기각하기로 하여 관여 대법관의 일치된 의견으로 주문과 같이 판결한다.

(출처 : 대법원 2006.10.26. 선고 2005다30993 판결)

그 외 주위토지통행권과 관련된 판례 모음

- 대법원 1990. 11. 13. 선고 90다5238, 90다카27761 판결(공1991, 67)
- 대법원 1992. 4. 24. 선고 91다32251 판결(공1992, 1676)
- 대법원 1992. 7. 24. 선고 91다47086, 47093 판결(공1992, 2528)
- 대법원 1994. 2. 25. 선고 93누20498 판결(공1994상, 1132)
- 대법원 1994. 10. 21. 선고 94다16076 판결(공1994하, 3068)
- 대법원 1995. 2. 3. 선고 94다50656 판결(공1995상, 1155)
- 대법원 1996. 5. 14. 선고 96다10171 판결(공1996하, 1860)
- 대법원 1996. 11. 29. 선고 96다33433, 33440 판결(공1997상, 166)
- 대법원 2002. 5. 31. 선고 2002다9202 판결(공2002하, 1537)
- 대법원 2004. 12. 24. 선고 2004다51757, 51764 판결
- 대법원 2005. 7. 14. 선고 2003다18661 판결(공2005하, 1308)

3) 오겹살만큼 맛있게 맹지를 먹자

돼지고기 중 가장 맛있는 부위가 삼겹살이라는 것에 다들 이견이 없을 것이다. 이름처럼 살코기와 지방이 겹겹이 쌓인 삼겹살을 노릇하게 구워 소주 한잔 곁들이면 어떠한 스트레스도 가뿐히 날

려 버릴 수 있다. 그런데 어느 날부터 삼겹살의 자리는 껍데기가 한 겹 더 붙어 있는 오겹살로 대체되기 시작했다. 하지만 인기 있는 오겹살이 육가공업자들의 상술이라고 하는 이들이 있다. 그들이 오겹살을 상술이라고 하는 이유는 돼지 부위 중 가장 저렴한 부위가 껍데기인데, 껍데기로 가공해 팔 경우 얼마 안 되는 껍데기 본연의 가격에 팔리는 반면, 껍데기를 분리하지 않은 채 삼겹살에 붙여 오겹살로 판매한다면 저렴한 부위인 껍데기가 가장 비싼 부위중 하나인 삼겹살의 가격에 팔린다는 것이다.

그런데 오겹살과 같은 상술은 돼지고기뿐만이 아니라 토지에서도 활용이 가능하다. 맹지는 도로와 접한 일반 토지에 비해 월등히 가격이 저렴하다. 바로 옆에 위치한 토지보다 30%의 가격에 거래가 되는 경우도 허다하다. 만약 옆 토지의 소유자가 맹지를 매수한 후 자신이 보유하고 있던 토지와 합병을 한다거나, 아니면 맹지의 소유자가 옆 토지를 매수해 합병한다면 어떠한 현상이 발생할까?

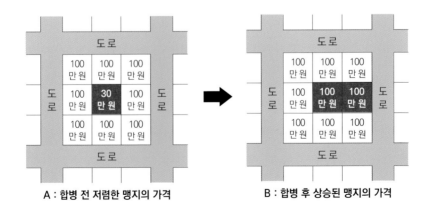

A : 합병 전 저렴한 맹지의 가격   B : 합병 후 상승된 맹지의 가격

바로 껍데기처럼 저렴한 가격에 거래되던 맹지가, 오겹살에 붙어 있는 껍데기가 삼겹살에 거래되는 것처럼, 맹지임에도 불구하고 옆 토지의 일반적 가격에 거래가 가능할 것이다.

특히 이와 같은 기술은 경매에서 자주 사용된다. 도로와 접한 토지와 맹지 등 여러 필지가 경매로 나오는 경우가 많다. 이 경우 일반 토지를 먼저 낙찰받은 후 맹지가 유찰되기를 기다린다. 맹지만 따로 낙찰받을 바보는 존재하지 않을 것이기에 맹지는 수차례에 걸쳐 유찰을 지속한다. 그후 원하는 가격까지 맹지의 가격이 인하되기를 기다리기만 하면 된다. 그리고 아마도 단독으로 입찰해 맹지를 낙찰받게 될 것이다.

그렇다면 맹지를 일반 토지로 변신시켜주는 합병(합필이라고도 하나 정확한 용어는 합병이다)이란 대체 무엇인가? 앞의 공동투자에서는 분할을 살펴봤다. 바로 분할과 대비되는 말이다. 즉 토지 등기부에 갑(甲), 을(乙) 등 여러 필로 되어 있는 토지를 합쳐서 갑(甲)이라는 한 필의 토지로 합하는 것이다. 합병은 '공간정보의 구축 및 관리 등에 관한 법률' 제80조(과거 합병은 '지적법' 제15조가 적용되었으나 현재 '지적법'은 폐지되었다)에 따라 토지 지적소관청에 신청해 인접한 토지를 자유로이 등기할 수 있다. 단, 소유권·지상권·전세권·임차권 및 지역권의 등기 이외의 권리에 대한 등기가 있는 토지는 합병의 등기를 할 수 없다.

'공간정보의 구축 및 관리 등에 관한 법률'

제80조(합병 신청)

① 토지소유자는 토지를 합병하려면 대통령령으로 정하는 바에 따라 지적소관청에 합병을 신청하여야 한다.

② 토지소유자는 「주택법」에 따른 공동주택의 부지, 도로, 제방, 하천, 구거, 유지, 그 밖에 대통령령으로 정하는 토지로서 합병하여야 할 토지가 있으면 그 사유가 발생한 날부터 60일 이내에 지적소관청에 합병을 신청하여야 한다.

③ 다음 각 호의 어느 하나에 해당하는 경우에는 합병 신청을 할 수 없다.

1. 합병하려는 토지의 지번부여지역, 지목 또는 소유자가 서로 다른 경우

2. 합병하려는 토지에 다음 각 목의 등기 외의 등기가 있는 경우

   가. 소유권·지상권·전세권 또는 임차권의 등기

   나. 승역지(承役地)에 대한 지역권의 등기

   다. 합병하려는 토지 전부에 대한 등기원인(登記原因) 및 그 연월일과 접수번호가 같은 저당권의 등기

3. 그 밖에 합병하려는 토지의 지적도 및 임야도의 축척이 서로 다른 경우 등 대통령령으로 정하는 경우

   가. 소유권·지상권·전세권 또는 임차권의 등기

   나. 승역지(承役地)에 대한 지역권의 등기

   다. 합병하려는 토지 전부에 대한 등기원인(登記原因) 및 그 연월일과 접수번호가 같은 저당권의 등기

토지합필등기신청

접 수	년 월 일	처 리 인	접 수	조 사	기 입	교 합	등기필통지	각종통지
	제 호							

부동산의 표시
합병전의 표시
합병의 표시
합병후의 표시

등기원인과 그 연월일	년 월 일 합병
등기의 목적	토지 표시변경

구분	성 명 (상호.명칭)	주민등록번호 (등기용등록번호)	주 소(소재지)
신 청 인			

양식 제16-2호

등 록 세	금	원
교 육 세	금	원
세 액 합 계	금	원

첨 부 서 면	
1. 토지대장 통 1. 등록세영수필확인서 및 통지서 통 1. 신청서부본 통 1. 위임장 통	<기타>

년   월   일

위 신청인   (전화 :   )

(또는) 위 대리인   (전화 :   )

지방법원   등기소 귀중

* 1. 부동산표시란에 2개 이상의 부동산을 기재하는 경우에는 그 부동산의 일련번호를 기재
    하여야 합니다.
  2. 신청인란등 해당란에 기재할 여백이 없을 경우에는 별지를 이용합니다.

4) 구거는 맹지의 오아시스

고수들은 구거를 무척 좋아한다. 구거의 사전적 의미는 '용수 또는 배수를 위해 일정한 형태를 갖춘 인공적인 수로나 둑 및 그 부속시설물의 부지 또는 자연의 유수로 생겼거나 원래 있었던 것으로 예상되는 소규모 수로 부지'다. 쉽게 설명하면 '논도랑'이다. 대개 구거는 논에 붙어 있지만 밭에도 붙어 있을 수 있는데, 이는 논을 밭으로 형질변경한 경우다.

폐구거와 접한 맹지는 투자가치가 높다. 세상에 길 없는 토지가 어디 있을까 싶지만 맹지는 도심의 대지를 비롯해 농촌의 농지나 임야, 전원주택지에도 숱하게 많다. 개울을 건너야만 접근할 수 있는 임야라든가 다른 밭을 가로질러 들어가야 하는 밭, 밭도랑의 작은 농로를 거쳐 가는 농지 등은 지적도를 보지 않고도 맹지임을 알 수 있다.

토지에 건축물을 지으려면 원칙적으로 진입도로가 있어야만 건축 허가가 난다. 허가요건에 필수적으로 진입도로 유무와 폭을 따지기 때문이다. 도로는 '건축법' 제2조 제1항 제11호 규정으로 '보행 및 자동차통행이 가능한 너비 4m 이상의 도로로써 국토의 계획 및 이용에 관한 법률, 도로법, 사도법, 기타 관계법령에 의해 신설 또는 변경에 관한 고시가 된 도로와 건축허가 또는 신고 시 시장, 군수 또는 구청장이 지정, 고시한 도로'여야 한다.

지적도에는 도로로 나오는데 실제로는 밭으로 쓰고 있다면, 원래 지적도에 따라 실제 통행할 수 있는 길을 새로 만들어야 한다. 또한 현재 사람과 차량이 다니고 있는 현황도로라도 실제 지목은 밭이고 지적도에도 길이 아니라면 건축법상 도로가 아닌 것이다. 진입도로의 폭은 전원주택의 경우 보통 4m 기준으로 대지에 2m 이상 접해야 한다. 그러나 전원주택 단지나 창고, 공장, 유통센터 등의 경우에는 6m나 8m의 폭을 요구하기도 한다.

그래서 그런지 투자 고수 중에는 맹지소유자가 어떻게든 진입로를 확보해야 하는 당면과제를 이용해 맹지를 이어줄 토지를 골라 덫을 치듯 투자하는 경우도 있다. 반면 초보 투자자에게 맹지는 절대 사서는 안 되는 '쪽박 차는 토지'로 치부된다. 하지만 모든 법칙에는 예외가 있듯이 맹지는 통상적으로는 피해야 할 토지이지만 의외로 수익을 낼 수 있는 방법도 있다. 맹지를 푸는 방법으로 가장 많이 쓰이는 것은 앞에서 살펴본 바와 같이 진입로를 낼 부분의 지주에게 토지사용승낙서를 받아 사도를 내는 방법이 있다.

또 다른 방법은 구거를 이용해 구거점용허가를 받아 길을 내는 방법이다. 물론 구거가 붙어 있는 땅만 가능한 방법이며, 그나마도 살아 있는 구거는 점용허가를 받기가 꽤 까다롭다는 점을 유의하자. 그리고 실제 구거보다는 폐구거, 즉 물이 흐르지 않아 구거의 기능을 상실한 도랑은 쉽게 도로로 쓸 수 있다. 이전에 점용허가를 받은 투자자 중에는 구거를 매립했는데, 비가 많이 와 땅으로 범람

하는 바람에 인근 농경지에 피해를 끼친 사례도 있다.

과거에는 물이 흐르던 구거였지만 지금은 메워져 풀이 무성하게 자란 구거

특히 새만금 일대 논은 예전에는 물이 흐르던 자리지만 지금은 물이 말라버려 풀만 무성한 길이 많다. 이런 땅을 보면 대부분의 초보자들은 '시골 땅은 원래 이렇게 생겼나 보다' 하며 그저 지나치거나 심지어 '뱀 나올 것 같다'고 무서워하기도 한다. 그러나 투자 고수들은 그 물길, 즉 구거를 반드시 눈여겨본다. 그리고 지적도를 확인한 후 구거라고 표기되어 있으면 매입을 서두른다. 고수들은 '구거'를 '길'의 다른 말이라고 생각한다. 이처럼 구거는 헐값에 내 것으로 만들 수 있는 알토란같은 길이다.

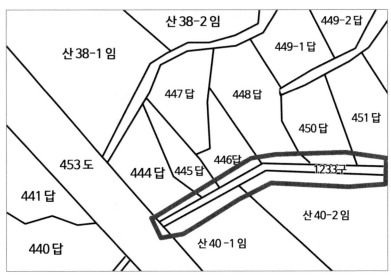
지적도를 통해 구거의 확인이 가능하다.

　그래서 폐구거와 접한 맹지는 투자가치가 높다. 비록 맹지지만 탐나는 토지라면 미리부터 포기하지 말고 활용할 수 있는 방법이 있는지를 따져보자. 구거점용허가를 받을 수 있는지, 폐구거 신청이 가능한지, 토지사용승낙서를 받을 수 있는지, 길을 낼 땅을 적절한 가격에 살 수 있는지 등의 여부를 알아보고 수익분석을 마친 후 매입을 결정해야 한다. 싸다고 덥석 샀는데 애물단지로 전락하면 곤란하니 말이다.

　구거는 국가소유로 해당 지방자치단체에 구거점용허가를 받으면 바로 활용이 가능하다. 지자체가 구거점용허가를 내주면 구거 자리에 용수와 배수를 위한 파이프관을 매립한 후 토지를 메워 진입로나 도로 또는 교량을 만들면 된다. 그렇게 되면 도로와 진입로가 없어 건물을 지을 수 없었던 토지가 순식간에 건축 가능한 토지로 바뀌게 된다. 맹지였던 토지에 길이 났으니 지가가 오르게 됨은 불을 보듯 훤한 이치다. 다시 말해 구거는 맹지를 길과 연결된 토지로 바꾸는 연금술로 토지 투자에 있어 놓치면 안 되는 매우 중요한 포인트다.

구거에 진입로를 설치해 맹지에서 벗어난 경우다. 진입로를 만들어 차량도로로 만들고자 하는 경우 구거를 관리하는 기관으로부터 구거점용허가 혹은 목적 외 사용허가를 받아야 한다.

구거를 활용해 맹지를 쓸모 있는 토지로 변모시키면 지역에 따라 차이는 있지만 가격이 대략 2~3배가량 올라간다고 봐도 무방하다. 주의할 점은 반드시 지자체의 점용허가를 받아야 한다는 것이다. 점용허가를 받지 않고 무작정 토지를 메웠다간 나중에 지자체로부터 원상복구명령을 받게 된다.

농촌지역의 구거는 대부분 '한국농어촌공사'에서 관리한다. 구거가 농업기반시설로 등록되어 있는 경우에는 '농어촌정비법'에 따라 농업기반시설의 폐지신청으로 사용가능 여부를 확인해본다. 구거가 농수로인 경우에는 '농어촌정비법'상의 농업기반시설의 목적 외 사용승인을 받아야 하기 때문이다. 목적 외 사용승인은 '농어촌정비법' 제23조 및 同法 시행령 제31조에 규정되어 있다.

사용희망자는 한국농촌공사의 해당 지사에 사용신청서를 제출하고, 한국농촌공사 해당 지사에서 사용 가능 여부에 대해 검토한다. 검토 결과 사용이 가능하다면, 한국농촌공사 해당 도본부는 시도지사에게 사용승인신청서를 제출한다. 그리고 구거의 사용희망자는 해당 지사와 계약을 체결하게 된다. 면적에 따른 승인 지자체가 다른데, 면적 $300m^2$ 이하라면 한국농촌공사에서 자체승인을 하기에 약 14일 내외로 소요되고, 면적 $300m^2$ 이상이라면 시·도지사로부터 승인을 받아야 하기에 30일 이상이 소요될 수도 있다.

'농어촌정비법'

제23조(농업생산기반시설의 목적 외 사용)

① 농업생산기반시설관리자가 농업생산기반시설이나 용수를 본래 목적 외의 목적에 사용하려 하거나 타인(他人)에게 사용하게 할 때에는 시장·군수·구청장의 승인을 받아야 한다. 다만, 농업생산기반시설관리자가 한국농어촌공사인 경우와 농업생산기반시설의 유지·관리에 지장이 없는 범위에서 대통령령으로 정하는 경미한 사항인 경우에는 그러하지 아니하다.

② 제1항에 따른 목적 외의 사용은 그 본래의 목적 또는 사용에 방해가 되지 아니하는 범위에서 하여야 한다.

③ 농업생산기반시설관리자는 농업생산기반시설이나 용수를 본래 목적 외의 목적에 사용하는 사용자로부터 농업생산기반시설을 유지하거나 보수하는 데에 필요한 경비의 전부 또는 일부를 징수할 수 있다.

④ 제3항에 따른 목적 외의 사용에 따른 경비를 징수하는 경우에는 지방세 체납처분의 예에 따라 징수할 수 있다.

⑤ 목적 외의 사용에 관한 절차·기간 및 범위, 경비 징수 범위와 징수된 경비의 사용 범위, 그 밖에 필요한 사항은 대통령령으로 정한다.

제24조(농업생산기반시설의 폐지)

① 농업생산기반시설관리자는 다음 각 호의 어느 하나에 해당하는 사유가 있으면 시·도지사 또는 시장·군수·구청장의 승인을 받아 제17조에 따라 등록된 농업생산기반시설의 전부 또는 일부를 폐지할 수 있다.〈개정 2012.2.17.〉

1. 폐지하려는 농업생산기반시설에서 이익을 얻고 있는 농경지 등이 다른 목적으로 전용(轉用)된 경우
2. 폐지하려는 농업생산기반시설을 대체할 시설이 완비된 경우
3. 천재지변이나 그 밖의 불가항력의 사유로 시설이 손괴(損壞)되어 농업생산기반시설 보수의 경제성이 없을 경우

② 제1항에 따라 폐지하는 농업생산기반시설의 매각 대금은 제14조 제3항의 예에 따라 사용하여야 한다.

'농어촌정비법 시행령'

제31조(농업생산기반시설이나 용수의 목적 외 사용)

① 한국농어촌공사를 제외한 농업생산기반시설관리자는 법 제23조 제1항 본문에 따라 농업생산기반시설이나 용수를 본래 목적 외의 목적으로 사용하거나 다른 사람에게 사용하게 하기 위하여 승인을 받으려면 다음 각 호의 사항이 포함된 승인신청서를 시장·군수·구청장에게 제출하여야 한다. 다만, 경쟁입찰로 사용자를 결정하려면 제5호의 사항을 생략할 수 있다.〈개정 2011.12.6〉

　1. 목적 외 사용의 사유

　2. 목적 외 사용의 대상이 될 농업생산기반시설 또는 용수의 양

　3. 목적 외 사용의 내용·방법 및 기간

　4. 제32조에 따른 경비 부과 예정액 및 산출 근거

　5. 목적 외 사용자의 주소와 성명 또는 명칭

② 법 제23조 제1항 단서에 따라 한국농어촌공사가 관리하는 농업생산기반시설이나 용수를 본래 목적 외의 목적으로 사용하려는 자는 제1항 각 호의 사항(제4호는 제외한다)이 포함된 사용신청서를 한국농어촌공사에 제출하여야 하며, 한국농어촌공사가 직접 사용하려는 경우 등에 필요한 절차는 한국농어촌공사 정관으로 정한다.〈개정 2011.12.6, 2012.5.7〉

③ 법 제23조 제1항 단서에서 "대통령령으로 정하는 경미한 사항"이란 다음 각 호의 어느 하나에 해당하는 경우를 말한다.〈개정 2011. 12.6〉

　1. 본래 목적 외의 목적으로 사용하려는 농업생산기반시설의 면적이 300제곱미터 이하인 경우

　2. 당초 승인된 사용 이유와 규모 등의 변경 없이 사용기간을 갱신하는 경우

④ 제3항 제2호에 따라 사용기간을 갱신하는 경우에 관하여는 제5항을 준용한다.

⑤ 법 제23조 제1항에 따른 농업생산기반시설이나 용수의 목적 외

사용 기간은 다음 각 호의 구분에 따른 기간 이내로 한다.

  1. 토지를 사용하는 경우

    가. 공용·공공용 등 장기간 사용이 필요한 경우 : 10년

    나. 영농 목적인 경우와 가목에 해당되지 아니하는 경우 : 3년

  2. 수면 및 이에 딸린 토지를 사용하는 경우 : 5년

  3. 용수를 사용하는 경우 : 3년

■ 농어촌정비법 시행규칙 [별지 제17호서식] <개정 2012.5.18>

농업생산기반시설이나 용수의 목적 외 [ ] 사용승인신청서
[ ] 사용신청서

※ [ ]에는 해당되는 곳에 √표를 합니다.

접수번호		접수일		처리기간	30일(현장실사 및 제출 서류미비 등에 따라 소요되는 기간은 처리기간에서 제외)

신청자 (사용자)	법인 또는 기관(단체)명				
	성명(대표자)			생년월일	
	주 소 (대표자)			전화번호 (사업자등록번호)	
	e-mail			이동 전화번호	

사용 시설	시 설 명	위 치	사용면적(㎡) (사용수량, ton)

사 용 목 적	
사 용 방 법	
사 용 기 간	사용개시 예정일
경비부과 예정액	※ 「농어촌정비법」 시행령 제31조제1항의 경우에만 작성함

「농어촌정비법」 제23조 및 같은 법 시행령 제31조에 따라 농업생산기반시설 목적 외 [ ]사용승인 을 신청합니다.
　　　　　　　　　　　　　　　　　　　　　　　　　　　　　　　　　　[ ]사용

　　　　　　　　　　　　　　　　　　　　　　　　　　　　　　　　년　　월　　일

　　　　　　　　신청인　　　　　　　　　　　　　　　　　(서명 또는 인)

청장　귀하

처리절차

신청서 작성	→	접 수	현지조사(필요시) 또는 검토·확인	→	기안 및 결재	→	회 신
신청인		시장·군수·구청장 한국농어촌공사 (담당부서)	시장·군수·구청장 한국농어촌공사 (담당부서)		시장·군수·구청장 한국농어촌공사 (담당부서)		

210mm×297mm[일반용지 70g/㎡(재활용품)]

2. 화장발로 토지의 가치를 상승시켜라

어느 예능프로에서 아침에 일어난 여배우의 민낯을 보고 전혀 다른 사람인 줄 알았다. 세련된 평소의 이미지와는 다르게 민낯의 여배우는 그냥 길에서 흔하게 만나 볼 수 있는 그런 얼굴이었다. 여배우뿐만이 아니다. 요즘 화장을 하고 출근을 하는 남성들도 심심찮게 볼 수 있다. 그만큼 화장은 현 시대에서 자신의 가치를 높이는 중요한 기술 중 하나가 되었다.

결점을 커버하는 화장법들이 있다. 가령 눈이 작은 연예인들이 아이라인 등으로 눈화장을 하면 전혀 다른 얼굴로 변모를 한다. 반대로 눈이 예쁜 연예인들은 예쁜 자신의 눈을 극대화시키는 화장을 한다. 토지 화장 역시 마찬가지로 단점은 가리고 장점을 최대한 부각시켜야 한다. 어떤 토지든 매수하고 기다리기만 하면 가격이 상승하던 때도 있었다. 그러나 지금은 시대가 바뀌었다. 토지의 가치를 상승시키기 위해서 토지에도 화장을 해줘야 하는 시대가 된 것이다.

즉 화장이라는 역발상을 통해 토지의 가치를 상승시켜야 한다. 하지만 처음부터 이런 역발상이 쉬운 것은 아니다. 일반적인 토지투자에 비해 시간과 노력이 많이 든다. 그러나 투자 시 피할 수 없는 상황에 내몰린다면, 위기는 기회라는 일념으로 역발상을 통한 기회를 만드는 노하우가 필요하다. 당연한 이야기지만 토지는 가꾼 만큼 그 가치가 뛰게 되어 있다. 토지 투자가 대중화 된 요즘 좋은 토지를 찾기란 백사장에서 바늘 찾기만큼 힘들어졌다.

그래서 볼품없는 토지도 화장발로 몇 배의 가치를 만들어내야 한다. 가치를 만들어내기 위해서는 토지를 부각시키는 화장을 해야 한다. 실패한 대부분의 화장이 '토지'가 아닌 '집'에 많은 투자를 했기 때문이다. 외국 영화에서처럼 3층의 테라스에서 커피를 마시며 아이와 애완견이 뛰노는 모습을 바라보고 싶은 욕심은 다들 있을 것이다. 하지만 영화와 같은 큰 집을 건축하기 전에 과연 건축비라도 뽑아낼 수 있을까를 염두에 둬야 한다. 그리고 그런 집들은 유지비용도 만만치 않다. 집은 되도록이면 작게 하고, 대신 텃밭이나 정원에 신경을 써라. 그래야만 땅의 가치도 오르면서 생활도 편리해진다.

요란한 화장도 피해야 한다. 너무 요란한 화장은 오히려 독이 될 수 있다. 토지 화장을 하는 것은 최소한의 비용을 투자해 수익을 극대화시키기 위함인데, 요란하게 화장을 하느냐고 최대한의 비용이 투자 되서 나중에 매도 시 화장 비용조차 회수가 불가하다면 오히려 안하느니 못한 결과를 초래할 것이다. 그러니 정말 필요한 곳에 최소한의 비용을 투자해 최대한의 수익을 얻어내야 된다. 그리고 화장에도 화장 순서 등 법칙이 있듯이 토지 화장에도 지켜야할 몇 가지 원칙이 있다. 지금부터 토지 화장의 원칙을 알려주겠다.

1) 어울리는 테마로 화장해라

선거 때만 되면 각 후보별 '테마주'라고 해서 주식 시장이 들썩인다. 하지만 테마는 주식에만 있는 것이 아니라 토지에도 있다. 요즘 특색 있는 테마를 가지고 있는 토지가 많다. 허브나라, 매실농장, 녹차농장, 야생화농장, 체험농장 등이 테마로 성공한 아주 좋은 예다. 이처럼 테마는 돈을 부르기에, 덩달아 토지 값 역시 상승한다. 하지만 잘못 선택한 테마는 오히려 독이 될 수 도 있다. 동안의 귀여운 얼굴을 가진 여성이 섹시한 화장을 한다고 생각해봐라. 남의 옷을 입은 것처럼 어색하고, 심지어 화장을 하지 않는 것보다 못할 수도 있다. 토지에 어울리는 테마를 찾기 위해서는 먼저 그 토지에서 할 수 있는 것이 무엇인지를 살펴보고, 내가 가장 잘 할 수 있고 나에게 가장 어울리는 것이 무엇인지를 찾아내야 한다.

몇 년 전의 일이었다. 모 신문사에서 개최한 재테크 세미나에서 강연을 끝내고 나오려는데 한 노신사가 같이 저녁 식사를 하고 싶다며 시간을 내줄 수 있냐고 간곡히 부탁했다. 그날 저녁 중요한 약속이 있어 저녁 대신 30분 정도 차를 마시기로 했다. 커피숍에 들어서자마자 노신사는 한숨을 내쉬며 고민을 털어놓았다. "소장님, 강원도에 부모님께 상속받은 작은 토지가 있습니다. 상속은 변호사가 처리해줘 지금까지 현장에 가본 적이 없었는데, 얼마 전 십년 만에 처음으로 상속받은 토지에 가봤는데 60m 정도 되는 돌산절벽이 대부분이었고, 절벽 아래에 평평한 땅이 조금 있을 뿐입니다. 여기 저기 전문가들을 찾아가봤는데 제 토지와 같이 돌산이 많은 지역은 개발이 힘들어 활용가치가 없다고 합니다. 제발 부탁인데 제 토지에 한번만 같이 가셔서 조언을 해주실 수는 없으신지요." 아버님 연배의 어른이 워낙 간절하게 부탁을 하시는지라 거절하기가 미안해 주말에 함께 현장을 가보기로 약속했다.

주말에 쉬고 싶은 마음이 굴뚝같았지만 노신사와의 약속을 지키려 함께 현장에 가보았다. 눈으로 확인해보니 노신사의 설명과 같이 온통 돌산뿐이었다. 물리적으로 개발이 불가할뿐더러, 개발을 하더라도 도저히 수익을 남길 수 없는 상황이었다. 어르신이 그동안 찾아다닌 전문가들과 같이 필자도 활용이 불가한 토지라고 조심스럽게 대답할 수밖에 없었다. 그렇게 어르신을 위로하고 서울로 돌아왔다.

노신사의 일을 잊고 지내고 있었는데, 어느 날 저녁 우연히 TV를 보다가 요즘 암벽등반을 취미로 즐기는 인구가 늘었다는 뉴스를 보게 되었다. 그리고 직감적으로 노신사의 토지를 변신시킬 수 있을 것이라는 확신이 들어 노신사에게 전화를 걸었다. "어르신, 저를 믿고 제가 조언하는 것처럼 개발을 하실 의향이 있으십니까?" 노신사는 필자의 질문에 무엇이든 믿고 따르겠다고 답했다.

먼저 절벽 아래 평평한 땅 주변에 자동차의 진입과 주차가 가능할 정도로 진입로를 넓게 확장하기로 했다. 확장공사가 끝나면 암벽등반 강사를 고용해 암벽등반 연습장을 개업하고, 암벽등반 용품점도 함께 운영하려 했는데, 공사가 끝나기도 전에 어떻게 알았는지 인근에서 암벽등반 연습장을 운영 중이던 사장이 노신사를 찾아와 자신에게 그 토지를 꼭 매도해달라고 사정했다고 한다. 노신사는 부모님에게 물려받은 토지라며 거절했는데, 암벽등반 연습장 사장은 다음날에도 찾아와 시세보다 비싼 가격에 매입하고 공사비도 별도로 책정해준다며 사정사정을 했다고 한다. 결국 노신사는 쓸모없던 그 토지를 비싼 가격에 팔았다고 한다.

테마에 어울리는 화장은 쓸모없는 토지더라도 값어치를 끌어올린다.

만약 노신사가 필자를 찾아오지 않았다면 아직도 그 토지는 쓸모없는 땅으로 버려져 있을 것이고, 시세보다 못 미치는 가격에 내놨더라도 팔리지 않았을 것이다. 이처럼 어울리는 테마로 화장을 한다면 토지의 가치는 얼마든지 변할 수 있다. 며칠 전 현장답사를 다녀오다 노신사의 땅이었던 암벽등반 연습장을 잠시 들려봤다. 평일임에도 불구하고 많은 이용객들이 있었다. 사장과 대화를 나눠보니 이용객도 많고 용품점의 손님도 많다며 싱글벙글하고 있었다. 이처럼 쓸모없는 저렴한 땅이더라도 어울리는 테마로 화장하면 그 값어치를 높일 수 있다.

2) 돌과 잡초를 제거해 피부미인을 만들어라

한여름 토지를 매수하려고 지방 여기저기 현장답사를 다니다 보면 잡초가 우거져 있고, 쓰레기가 여기저기 버려져 있고, 바로 옆 개울엔 비닐 등의 쓰레기가 널려 있는 밭을 쉽게 찾아볼 수 있다. 특히 폐비닐하우스, 폐축사, 폐가 등이 은근히 눈에 많이 띄는데, 이런 폐건물이 있는 토지는 투자가치가 없어 보인다. 필자의 경우에도 매수를 고민했던 토지에 현장답사를 가보니 주변에 폐업한 지 오래된 개사육장이 보기 흉하게 방치되어 있었다. 그 덕분에 시세보다 저렴하게 나온 토지임에도 투자를 마음먹는 이가 적었다.

필자는 해당 토지에 아무렇게나 튀어나온 돌을 제거하고, 주변의 개사육장을 정리하면 상당히 투자가치가 있는 토지라는 생각에 우선 주변을 수소문해 개사육장이 아예 문을 닫은 것인지를 확인했다. 확인 결과 주변의 개사육장은 무허가로, 토지를 임차해 운

개사육장이 있던 토지가 창고부지로 변모해 값어치를 올렸다.

영하고서 계약 종료 후 개사육장을 철거하지 않고 도망간 모양이었다. 필자는 이야기를 들은 즉시 땅값이 떨어질 것을 염려해 개사육장 정리를 했다. 개사육장이 있던 토지는 얼마 후 창고부지가 되었고, 필자는 아무런 노력도 하지 않고 창고부지 인근에 토지를 가진 지주가 되어 있었다. 2년 정도가 흐른 후 해당 토지를 옆 지주처럼 창고부지로 되팔 수 있었다.

이처럼 투자 대상의 토지 인근에 축사, 쓰레기장 같은 혐오시설이 있다면 투자를 망설인다. 여름철이면 냄새가 고약하게 나서 사람이 적합하지 못하다고 생각해 투자를 포기하는 경우가 대다수다. 하지만 분명히 해결방법은 있다. 이번에는 다른 예로 고물상을 살펴보자. 필자의 지인이 경매로 토지에 투자했다. 그가 살던 고향 인근에 나온 토지였는데, 지목이 대지임에도 넓은 규모에 투자를 결심했다. 그런데 5번 유찰된 물건으로 입찰기일이 바로 다음날이라서 현장답사를 생략하고 입찰에 참여해 감정가 대비 30%도 안 되는 가격에 최고가매수신고인이 되었다고 한다.

그런데 낙찰 후 현장에 가보니 고물상이 위치하고 있었다. 다행히 큰 규모는 아니었지만, 고물상의 모습을 보니 그곳을 어디서부터 손을 대야 할지 막막했다고 한다. 그는 낙찰 후 한동안 한숨만 내쉬다가 우연히 고물상 주인과 연락이 닿았는데 고물상 주인이 자금상의 문제를 이유로 이전을 거절했다고 한다. 그때 필자가 나서 고물상 주인과 이전을 협상했고 이전비용의 일부를 지원하는 조건으

고물상이 위치한 토지 투자 시 토지의 오염 여부 확인은 필수사항이다.

로 고물상을 이전했다. 감정가 대비 30% 이하에 낙찰을 받았기에 일부 지원한 이전비용을 제외하더라도 소액 투자로 상당한 수익을 얻은 경우다. 이와 같은 사례는 국가규모 단위에서도 찾아볼 수 있다. 상암동 월드컵 경기장의 경우 원래 난지도 쓰레기 매립장이었다. 하지만 기존의 쓰레기 매립장을 이전하고 그 위에 월드컵 경기장이 지어지면서, 주변 일대 땅값이 급속도로 오른 대표적 사례다.

이전과 철거가 필요 없는 땅을 얻게 된다면 좋겠지만, 그렇다고 무작정 기피할 필요도 없다. 언제나 기회는 위기 속에서 얻을 수 있는 법이다. 토지를 매도할 때 좋은 가격을 받기 위해서는 예쁘고 깨끗하게 정돈해야 할 필요가 있다. 한마디로 관리가 필요하다. 밭의 잡초를 제거하고, 마구잡이로 있는 돌을 빼서 밭가로 정리해야 하며, 폐비닐이나 깡통 등의 쓰레기는 치우고 옆 도랑은 정리를 해

뒤야 한다. 또한, 토지에 낡고 오래된 안 쓰는 창고 또는 축사, 낡아 허물어져가는 농가주택이 있다면 철거해두는 것이 좋다.

3) 여드름과 같은 토지의 피부 트러블, 분묘

홍길동은 아버지 홍판서가 돌아가시자 자기 집 뒷산에 산소를 마련했다. 그리고 20년간 아버지의 기일이면 한 번도 빠지지 않고 산소를 찾아 아버지를 추모했다. 그러던 어느 날 뒷산의 주인 이몽룡이 펜션을 건설한다며 산소의 이장을 요구했다. 홍길동은 아버지의 산소를 옮길 곳이 없어 고민에 빠졌다. 하지만 홍길동은 산소를 옮기지 않아도 된다. 이는 분묘기지권 때문이다.

임야를 투자하는 데 간혹 문제가 되는 것으로 분묘기지권이 있다. 분묘기지권이란 관습법상의 물권으로써 분묘의 수호를 위해 그 기지를 사용할 수 있는 관습법상의 지상권을 의미한다. 타인의 토지에 그 소유자의 승낙을 얻어 분묘를 설치한 경우에는 관습법상의 분묘기지권을 취득한다. 만약 타인 소유의 토지에 소유자의 승낙 없이 분묘를 설치했더라도, 20년간 분쟁 없이 그 분묘의 기지를 점유하면 지상권과 유사한 관습법상의 물권인 분묘기지권을 취득한다. 이런 분묘기지권은 봉분 등 외부에서 분묘의 존재를 인식할 수 있는 형태를 갖추고 있는 경우에 한해 인정하고 있다.

만일 이와 같이 분묘기지권이 성립하면 토지 주인은 부당이득이나 지료를 청구할 수 없다. 이는 관습법상 법정지상권으로 우리나라에만 있는 특수한 법률이다. 분묘기지권이 성립하기 위해서는 다음의 세 가지 중 하나에 해당해야 한다.

첫째, 토지 소유자의 승낙을 얻어 분묘를 설치한 경우
둘째, 토지 소유자의 승낙을 받지 않았더라도 분묘를 설치하고 20년 동안 평온·공연하게 점유함으로써 시효로 인해 취득한 경우
셋째, 자기 소유의 토지에 분묘를 설치한 자가 분묘에 관해서는 별도의 특약이 없이 토지만을 타인에게 처분한 경우 가운데 한 가지 요건만 갖춘 경우

관습법상의 법정지상권이 성립하는 분묘다. 일제 강점기, 6.25 전쟁 등 격동의 시대를 거쳤기에 지방의 야산에서 이런 분묘를 심심찮게 찾아볼 수 있다. 판례에 따르면 분묘기지권의 범위는 그 분묘의 기지뿐 아니라 분묘의 설치 목적인 분묘의 수호 및 제사에 필요한 범위 안에서 분묘기지 주변의 공지를 포함한 지역에까지 미친다.

그리고 분묘기지권의 범위는 그 분묘의 기지뿐 아니라 분묘의 설치 목적인 분묘의 수호 및 제사에 필요한 범위 안에서 분묘기지 주변의 공지를 포함한 지역에까지 미친다(대법원 판례 85다카 2496). 그리고 존속기간은 특별한 사정이 없는 경우 권리자가 분묘

의 수호와 봉사를 계속하는 한 그 분묘가 존속하고 있는 동안은 분묘기지권이 존속한다고 해석한다(대법원 판례 81다1220). 분묘기지권은 종손에 속하는 것이나 분묘에 안치된 선조의 자손도 분묘의 기지를 사용할 수 있다(대법원 판례 78다2117). 이처럼 분묘기지권이 성립하는 경우에는 그 분묘를 마음대로 이장할 수 없다.

하지만 '장사 등에 관한 법률'에 따라 2001년 1월 13일 이후 설치된 분묘는 분묘기지권을 취득하지 못한다. 그리고 분묘기지권 성립 이전에 분묘기지권과 관련해 법적 조치를 청구한 사실이 있다면 시효중단으로 분묘기지권이 성립되지 않을 수 있다. 분묘기지권이 성립했다 하더라도 합장, 합봉 사실이 있으면 분묘기지권이 실효된다.

참고로 분묘기지권이 성립 안 되는 지역도 있다.

- 상수원보호구역
- 문화재보호법에 따른 문화재보호구역
- 주거, 상업, 공업구역
- 농업진흥구역
- 채종림, 보안림, 요존국유림
- 군사시설보호구역
- 그밖에 지자체에서 법률로 정한 구역

이처럼 분묘기지권은 얼굴에 난 여드름처럼 여간 골칫거리가 아니다. 하지만 투자자들이 산속을 샅샅이 뒤져가며 이를 확인하는 경우는 그다지 많지 않고, 더군다나 토지 매입 후에도 임야관리를 철저히 하는 투자자가 그리 많지 않기에 분묘기지권은 여간 골칫거리가 아니다. 만약 매입한 토지에 분묘가 있다면 해당 지자체에서 묘적부를 발급받아 묘지를 쓴 사람을 파악해야 한다. 그런데 필자가 묘적부를 확인해본 경험에 비추어보면 무연분묘가 생각보다 많이 존재했다. 이는 일제 강점기, 6.25 전쟁 등 격동의 시대를 거쳤기 때문이다.

무연분묘라면 면사무소 등을 찾아가 묘 주인의 행방을 찾고, 찾지 못할 경우 무연분묘 앞에 묘 주인을 찾는다는 내용의 안내판을 설치한다. 이때 사진을 찍어 증거를 남긴다. 그래도 묘 주인을 차지 못할 경우 2개 이상의 일간신문에 2회 이상 공고한 후 개장허가를 받아 이장하면 된다. 다소 절차가 복잡한데 묘지개장 업체와 상담해보면 생각보다 저렴한 비용으로 해결이 가능하다. 그리고 묘지개장 업체는 인터넷 검색으로 손쉽게 찾을 수 있다.

4) 곰보를 메우는 화장법으로 토지가격을 올려라

지금 30대 중반 이후의 나이라면 예전 비디오의 시작 전 불법비디오는 호환마마, 전쟁보다 더 무섭다는 공익광고를 기억할 것이다. 그런데 호환마마 중 마마란 천연두를 말하며, 천연두를 앓을 경우 얼굴 등에 곰보 자국이 생길 수 있다. 만약 얼굴에 움푹 파인 곰보 자국이 있다면 아무리 잘생긴 얼굴이더라도 흉할 것이다. 이는 사람의 얼굴뿐만이 아니라 토지 역시 마찬가지다. 움푹 파인 토지는 값어치를 하락시킨다.

몇 년 전 겨울이었다. 양평에서 사무실을 운영하는 친한 공인중개사로부터 용문면의 토지가 급매로 나왔다는 전화를 받았다. 전화를 받고 현장에 방문해보니 1,000㎡의 전원주택지로 시세는 인근 토지 대비 50% 저렴한 '진짜 급매'였다. 필자가 진짜 급매라고 표현한 이유는 사실 시장에 있는 급매 물건들은 급매가 아니기 때문이다.

생각해봐라. 급매 물건이 시장에 나온다면 가장 먼저 매수할 수 있는 기회를 얻는 것은 공인중개사다. 그런데 만약 여러분이 공인중개사라도 시세보다 월등히 저렴한 급매 물건을 일반인들에게 매물로 올려놓지는 않을 것이다. 아마 사돈의 팔촌에게 돈을 빌려서라도 직접 급매 물건을 매수할 것이다. 즉 일반인들이 대부분 급매라고 알고 사는 것은 그냥 시세보다 조금 저렴할 뿐이지 이번 물건처럼 시세 대비 50%의 가격은 절대 아닐 것이다. 간혹 필자와 같이 운 좋은 경우가 아니라면 진짜 급매는 그들만의 리그에서 처리된다. 이런 진짜 급매는 앞뒤 잴 것 없이 보는 즉시 계약을 체결해야 한다. 그리고 공인중개사에게 감사의 성의 표시는 꼭 해야 된다. 그래야만 나중에 다시 또 진짜 급매가 나왔다고 연락할 것 아닌가.

각설하고 계약을 체결하는 날은 대설로 인해 토지가 눈밭으로 변해 제대로 확인하지 못했다. 그런데 계약 체결 얼마 후 다시 현장에 방문해보니 문제가 발생했다. 마치 얼굴의 수두자국과 같이 땅이 푹 꺼져 있는 것이다. 공인중개사에게 항의 전화를 하니, 양타(매도인과 매수인을 공인중개사가 모두 중개한 것)가 아니라서 직접 현장을 확인해보지 못했다며 굉장히 미안해했다. 하지만 어찌하리. 그동안 나에게 많은 돈을 벌게 해준 공인중개사인데. 오히려 필자가 너무 걱정하지 말라며 공인중개사를 위로했다. 여담이지만 이 일로 인해 필자에게 빚을 졌다고 생각한 공인중개사는 진짜 급매가 나올 때마다 전화를 준다.

현장답사 시 지적상 아무런 하자가 없음에도 시세보다 저렴한 가격의 토지를 심심찮게 만날 수 있다. 그런데 지적도에는 한 가지 약점이 있다. 그것은 바로 지적도가 3D가 아닌 2D라는 것이다. 즉 지적도는 평면이기에 토지의 고저 등은 파악이 어렵다. 이런 토지의 대다수가 푹 꺼진 땅이다. 이는 농지나 구릉지(해발 300m 이하의 비교적 완만한 경사면으로 되어 있는 산지)에 도로 건설 시, 안전을 위해 바닥을 파낸 후 기초공사를 하기 때문이다. 몇 해 전 지방의 신축 오피스텔이 20도 정도 기울어졌다는 뉴스가 이슈가 되었다. 불행 중 다행으로 입주 전이라 인명 피해는 없었다고 한다. 그런데 오피스텔이 기울게 된 원인은 부실한 기초공사 때문이다. 기초공사가 부실하면 아무리 튼튼하게 건축을 하더라도 모래성이나 마찬가지다. 기초공사를 쉽게 설명하면 건축물의 지탱을 위해 땅을 파고 말뚝을 박는 것이다.

그런데 한 가지 아쉬운 점은 토지가 꺼지지만 않았으면 위치, 주위경관 등 가치가 높은 토지들이 다수라는 것이다. 토지를 매립하면 된다고 단순하게 생각할 수도 있으나 $3.3m^2$ 당 적게는 3만 원에서 많게는 6만 원까지 매립비용이 발생하고, 지역에 따라서 그 이상의 비용이 발생할 수도 있다. 그나마 매립할 수 있다면 다행이다. 절벽 수준으로 땅이 파인 토지의 경우 매립을 아예 엄두도 내지 못한다. 이런 토지를 평평하게 만들기 위해서는 배보다 배꼽이 더 커질 수가 있다. 즉 토지 매수가격보다 매립비용이 더 들 수도 있다는 얘기다. 이런 이유로 움푹 파인 토지는 거래도 힘들뿐더러, 거래가 되더라도 주변 시세에 훨씬 못 미친다.

하지만 만약 움푹 파인 토지를 저렴한 비용으로 매립해 평평하게 할 수만 있다면 최고의 소액 투자 방법 중 하나일 것이다. 한 번 더 마법을 부려 오히려 돈을 받고 토지를 매립한다면 정말 최고의 소액 투자가 된다. 방법은 간단하다. 운전을 하다보면 흙을 싫어 나르는 덤프트럭들을 심심찮게 볼 수 있는데 둘 중의 하나다. 오목한 토지를 매립하기 위한 경우와, 퍼낸 흙을 버리기 위한 경우다. 즉 전자의 경우 비용을 들여 흙을 사야 하고, 후자의 경우 비용을 들여 흙을 버려야 한다. 이제 어떤 마법을 부려야 되는지 감이 잡히는가?

필자는 인근 국도의 덤프트럭이 다니는 길목에 '흙 저렴하게 버리세요'라는 문구와 휴대폰 번호를 새긴 팻말을 30여개 설치했다. 아니나 다를까 필자의 예상과 같이 흙을 버리고 싶다는 여러 통의 전화를 받았다. 생각해봐라. 당신이 만약 흙을 버려야 한다면 먼 거리 보다 인근에 위치한 곳을 선호할 것이다. 공사비용은 시간과 비례한다. 하루하루 지체될수록 인건비가 지출되기 때문이다. 만약 먼 거리까지 흙을 버리러 왕복한다면 기름값은 늘어나는 거리만큼 인건비도 늘어날 것이다.

그러면 흙이 많이 나오는 곳은 어디일까? 산을 깎아 조성하는 택지개발지구나 아파트 공사현장이다. 특히 아파트 공사현장에서는 의외로 흙이 많이 나오는데, 이는 높은 아파트를 세우기 위한 기초공사는 물론 지하주차장 건설을 위해 땅을 많이 파내기 때문이다. 물론 예외도 있다. 항상 흙이 부족한 서해안 바닷가 근처의 저지대다.

결과적으로 필자는 몇 만 원도 안 되는 비용으로 만든 팻말 몇 개로 움푹 패인 땅을 매립할 수 있었다. 더구나 보너스로 초기 토지 매수비용의 30% 정도를 매립비용으로 받아서 회수했다.

아파트 공사현장에서는 기초공사와 지하주차장으로 인해 대규모 흙이 나온다.

반대로 생각할 수도 있다. 만약 내 토지를 평지로 만들어야 된다면 이번에는 '흙 필요하신 분'이라는 팻말을 내걸면 된다.

복토를 위해 흙을 필요로 하는 이들이 많이 다닐 만한 길목에 위와 같은 현수막 또는 팻말을 설치하면 큰 이득을 얻을 수 있다.

3. 화장발로 부족하면, 성형이라도 해라

개발 사업을 하는 이들이 가장 많은 관심을 가지는 부분의 하나가 바로 지목변경이다. 그 이유는 토지를 이용하거나 개발하는 과정에서 대부분 필연적으로 지목변경이 일어나기 때문이다. 전원주택을 지으려면 우선 전원주택 부지로 쓸 농지를 매수한다. 이 농지에 농지전용을 받아 전원주택을 짓게 되면 주택이 들어서게 되는 토지부분은 대지로 지목이 변경되고, 진입로나 단지 내 도로부분은 도로로 바뀐다. 논을 주차장으로 만들면 답(논)이 잡종지 혹은 주차장용지로 바뀌며, 밭(농지)을 농지전용해 물류창고로 만들면 밭이 창고용지가 된다. 산지를 개간하면 임야가 전(밭)으로 지목이 변경되고, 지방 도로변의 산지를 벌채하고 깎아서 산지전용후 주유소를 만들면 임야는 주유소용지가 된다. 이처럼 토지 위에 건축물 혹은 구축물을 짓는 경우 건물 준공 후 그 건물이 들어서는 부지의 지목이 건물의 주된 용도에 따라서 지목변경이 일어난다. 그러나 토지는 그 주된 용도가 바뀜으로서 그 결과 지목이 변경되는 것이지, 용도변경이나 건물이 없이 먼저 지목만을 바꿀 수는 없는 것이 원칙이다.

1) 지목변경으로 토지가격을 올려라

지목변경으로 토지의 가치를 상승시킬 수 있다. 즉 토지의 활용도를 높이거나 가격을 올리려 의도적으로 지목변경을 한다. 토지는 지목에 따라 용도가 다르다. 그리고 용도는 각종 토지공법에서 세부적으로 규제하고 있기 때문에, 일단 지목이 정해지면 그에 따라 활용도와 가격이 크게 차이가 난다. 일반적으로 대지와 잡종지로 되어 있는 토지가 가장 비싸지만, 수도권에서는 주유소용지, 공장용지, 창고용지가 오히려 대지보다 비싼 경우가 많다. 이에 비해 농지인 밭과 논은 대지의 1/3 이하로 저렴하다. 또 통상 임야는 농지보다 절반 이하로 저렴하다. 그래서 농지를 대지로 바꾼다면 세 배 이상 가격이 상승한다.

임야를 대지나 창고용지로 지목변경한다면 어림잡아 여섯 배 이상 가격이 상승한다는 계산이 나온다. 이것이 지목변경을 하는 이유다. 임야를 싼 값에 매수해서 산지전용한 후 전원주택부지로 만들고 분할해 개별매각한다면, 전용비와 부대비용을 제하고서도 상당한 수입을 기대할 수 있는 것은 바로 이런 이치다.

2) 지목의 설정방법

'지적재조사에 관한 특별법(이하 '지적법'이라 한다)'에 따르면 토지를 필지단위로 나누고, 주용도에 따라 지목을 설정해 관리하고 있다. 그리고 현행 지적법에서는 지목을 대지, 논(답), 밭(전), 임야 등 28개로 분류한다.

이런 지목을 설정할 때는 몇 가지 원칙에 따라 정하고 있는데, 첫째, 토지는 필지마다 하나의 지목을 설정해야 한다는 '일필일목의 원칙'이다. 둘째, 지목은 주된 사용목적 혹은 용도에 따라 구분해 정해야 한다는 '용도지목주의'다. 셋째, 도시개발사업 등의 공사가 준공된 토지는 그 사용목적에 따라 지목을 설정하는 '사용목적 추종의 원칙'이다. 넷째, 만일 어느 한 필지의 사용목적 또는 용도가 둘 이상의 지목에 해당하는 경우에는 주된 용도에 따라 지목을 결정하는 '주지목 추종의 원칙'이다. 마지막으로 도로, 철도용지, 하천, 제방, 구거, 수도용지 등의 지목이 중복되는 때에는 등록시기의 선후 및 용도의 경중에 따라 지목을 결정하는 '용도경중의 원칙'이다.

3) 토지의 일시적 용도변경

토지 투자를 하다보면 잠시 용도변경이 필요할 때가 있다. 예를 들면 농지로 사용하고 있는 토지가 야적장으로 활용된다든지, 도로공사로 임야에 현장사무소 같은 가설건축물이 만들어지는 경우인데, 이때는 지목변경이 일어나지 않는다. 이런 현상을 '토지의 목적 외 일시사용'이라고 부른다. 물론 이 경우 사용기한이 종료되면 토지의 용도도 원상복구된다. 또한 도로를 일시점용해 하수관 공사를 하거나(도로점용허가), 하천부지 점용으로 1년생 농작물을 경작하는 경우(하천점용허가), 구거를 복개해 통행로로 사용하는 경우(구거점용허가) 역시 지목변경이 일어나지 않는다.

하지만 점용허가는 사용기간이 정해져 있고, 일정 금액의 점용료를 지불해야 한다. 또, 토지의 원상을 크게 훼손하지 말아야 한다는 조건이 붙는다. 이렇듯 아주 임시적이고, 일시적인 용도변경은 지목변경이 필요한 토지로 보지 않는데, 이는 지목 영속성 원칙에 기한 것이다.

4) 지목변경절차

지목변경으로 큰 수익을 얻을 수 있다. 그런데 지목변경은 아무나 함부로 할 수 있는 것이 아니다. 원칙적으로는 토지소유자나 사업시행자만이 신청할 수 있다. 지목변경의 요건과 절차는 지적법으로 엄격히 규제하고 있다. 만약 토지소유자에게 지목변경할 토지가 있는 경우 60일 이내 의무적으로 관할관청에 지목변경을 신청해야 한다(하지만 실무에서는 지주 마음대로 변경해 활용하다가 신청하는 편이다). 지목변경을 신청하는 경우는 토지 형질변경 등 공사가 준공된 경우, 토지나 건축물의 용도가 변경된 경우, 도시개발사업 등의 원활한 사업추진을 위해 사업시행자가 공사 준공 전 토지의 합병을 신청한 경우에 한한다.

토지소유자가 지목변경을 신청하려면 지목변경사유를 기재한 신청서에 증빙서류를 첨부해 관할관청에 제출해야 한다. 이때 지목변경의 증빙서류로는 관계법령에 따라 토지의 형질변경 등 공사가 준공되었음을 증명하는 서류, 국·공유지의 용도폐지나 사실상 공공용으로 사용되지 않음을 증명하는 서류, 토지 또는 건축물의 용도가 변경되었음을 증명하는 서류가 있다. 이때 개발행위허가·농지전용허가·보전산지전용허가 등 지목변경과 관련된 규제를 받지 않는 토지의 지목변경이나, 전·답·과수원 상호간의 지목변경인 경우에는 증빙서류를 첨부하지 않아도 된다.

5) 용도지역변경

앞에서 살펴본 지목변경은 사실상 지주가 마음만 먹으면 언제든 할 수 있다. 하지만 용도지역은 다르다. 우리나라의 토지는 크게 4개의 용도지역(도시지역, 관리지역, 농림지역과 자연환경보전지역)으로 분류된다. 이와 같은 용도지역은 각기 지을 수 있는 건축물의 종류와 범위는 물론 건폐율과 용적률을 달리한다. 말하자면 개발이나 이용조건이 서로 다르다는 것이다. 만일 계획관리지역에 있는 토지를 상업지역으로 변경하거나, 1종주거지역을 3종주거지역으로 변경하는 등 용도지역 중 활용도와 용적률이 높은 쪽으로 변경할 수만 있다면, 토지소유자는 상당한 시세차익을 얻을 수 있다. 하지만 안타깝게도 토지 용도지역의 변경은 국가의 전속권한이다.

6) 계획관리지역의 토지 파헤치기

투자자들에게 계획관리지역이 아닌 다른 용도지역의 땅을 추천하면 이상한 눈초리로 쳐다본다. 아마도 경매나 공법적인 이론 측면에서 계획관리지역의 장점이 부각되다보니 다른 용도지역은 투자가치가 없다고 여기는 듯하다. 건축물의 1층 바닥 면적이 차지하는 비율을 나타내는 계획관리지역의 건폐율(40%)이 관리지역이나 녹지지역(20%)보다 높기에 토지의 효율성 측면에서 본다면 그들이 이상한 눈초리로 쳐다보는 게 이해가 된다. 하지만 이런 선입관으로 오히려 투자가치가 있는 다른 용도지역의 토지를 놓치는 사례가 자주 발생한다.

계획관리지역을 고집하는 투자자와 대화를 나누면 십중팔구 전원주택이나 근린생활시설 등을 염두에 두고 있다. 그런데 생산관리지역이나 보전관리지역에서는 전원주택이나 근린생활시설 등을 건축할 수 없는 것일까? 결론은 건축이 가능하다. 심지어 자연환경보전지역에서도 개발행위는 가능하다. 결국 전원주택이나 근린생활시설 등을 계획하고 있다면 계획관리지역만을 고집할 이유는 없다. 오히려 토지의 수요에 맞는 테마로 개발한다면 높은 수익을 기대할 수 있다. 계획관리지역과 생산관리지역의 토지를 매수해 지목변경을 통해 대지로 전환하고 주택을 신축한다면 얼마나 더 큰 시세차익을 얻을 수 있는지 생각해보자. 토지 매수 시 이미 저렴한 가격에 매수해 이득을 얻고, 대지로 전환된 후 수 배의 수익을 얻을 수 있다.

관리지역 세분화 전에는 개발의 성격이 짙은 계획관리지역의 토지를 분석하거나 찾기가 어려웠지만, 2008년 이후 세분화가 완료되면서 토지이용계획확인원을 통해 쉽게 확인할 수 있다. 이에 따라 계획관리지역의 토지만이 토지 투자의 전부가 아니게 되었다. 개발축을 이해한다면 토지 투자의 범위는 더욱 더 넓어진다. 도시지역은 별론으로 하고, 녹지지역, 관리지역, 농림지역까지 투자 대상으로 본다면 우리나라 토지는 어느 하나 등한시 해 살 수 없다는 결론이 나온다.

보다 나은 미래를 위해 우리나라의 토지는 국가적 차원의 리모델링이 필요하다. 후손에게 물려줄 새로운 역사가 필요한 것이다. 변화되는 환경 속에 토지 투자를 새롭게 보아야 성공투자자로 자리 잡을 수 있다는 것, 꼭 기억하자.

필자는 그동안 생산관리지역, 보전관리지역의 투자를 주의하라고 했다. 생산관리지역과 보전관리지역은 규제로 인해 건축 가능한 것이 주택밖에 없기 때문이다. 그러나 만약 주택소유가 목적이라면, 오히려 반 가격에 매수 가능한 생산관리지역이나 보전관리지역의 투자가 이득이다. 단 제주도는 보전관리지역에 주택의 건축이 불가능하다. 따라서 지자체별로 규제사항을 확인하는 것이 우선이다.

4. 소액 토지 투자로 사장님 되기

수도권 외 지역에 토지 투자를 하는 많은 이들이 소액으로 투자한다. 이들은 당장 큰 수익을 얻는 것이 아니라 토지가 가지고 있는 미래가치에 투자한다. 대개의 토지 투자는 지목별로 투자자금이 크게 달라진다. 투자할 토지를 3.3m^2당 투자자금을 살펴보면 임야 〈 농지 〈 대지 순으로 점점 높아진다. 물론 지역적 개발 호재 등은 제외시킨 경우다.

임야는 가격이 저렴한 반면 경사도와 자라나고 있는 나무 등의 존재로 개발 시 추가적인 비용이 많이 들며, 대지는 무엇이든 바로 개발할 수 있는 장점이 있지만 가격도 비싸거니와 투자 시 진입장벽이 임야나 농지에 비해 높다. 그래서 토지 투자 시 가장 많이 투자를 하는 것이 농지다. 농지 중에서도 밭은 지목변경과 개발 등이 용이해 소액 토지 투자자에게 큰 인기를 끌고 있다. 하지만 많은 투자자들의 농사 외에는 농지의 활용법을 잘 알지 못하는데, 농지를 활용해 어엿한 사장님이 될 수 있는 두 가지 방법이 있다. 바로 주말농장과 농가주택을 활용한 펜션 사업이다.

먼저 주말농장을 살펴보자. 주말농장은 소액 토지 투자 시 농지취득자격증명(농지매수인의 농민 여부, 자경 여부 및 농지소유상한 이내 여부 등 농지소유자격과 소유상한을 확인하고 심사해, 비농민의 투기적 농지매입을 규제하기 위한 제도)의 신청 방법 중의 하나인데, 주말농장은 농지취득자격증명만 있으면 사업이 용이해 신도시 및 개발호재 지역 등지에서 손쉽게 할 수 있다. 이런 이유로 개발호재가 많은 지역에 주말농장이 늘어나고 있다면 그 지역은 개발 가능성이 매우 높다고 해석할 수 있다.

5년 전의 일이다. 필자의 세미나에 참석해 친분이 있던 한 중년 남성이 도움을 요청했다. 그의 사연은 이러했다. 와이프 몰래 퇴직금을 중간 정산해 고양에 있는 토지에 투자를 했는데 그린벨트로 지정된 토지라는 것이다. 처음에는 신문광고로 나온 토지에 관심이 생겨 전화를 했는데, 전화로 상담을 하다가 계약금이라도 걸고 투자를 하라는 식으로 계속 재촉해 덜컥 투자를 해버렸다고 한다. 그린벨트로 지정된 토지에 대체 왜 투자를 했냐고 물어보니, 상담원이 3년 후 그린벨트가 해제된다고 했단다. 그런데 3년이 지나도 그린벨트 해제는 감감무소식이고, 퇴직금을 중간 정산해 잘못된 투자를 한 것을 와이프에게 들킬까 걱정돼 몇 년 동안 조마조마하게 맘 졸이며 살아왔다는 것이었다.

필자가 현장답사를 해본 결과 해당 토지는 잡초 등이 무성하게 자라 있었고, 움푹 파인 곳이 많아 음산한 기운까지 감돌았다. 거기다 면적이 3,966㎡로 큰 편이고, 그린벨트로 지정된 토지라 처분이 쉽지 않아 보였다. 다행스러운 점은 지분투자는 아니라는 것과, 서울에서 거리상 멀지 않다는 것이었다. 필자는 이와 같은 토지의 장점을 부각시킬 수 있는 방법은 주말농장밖에 없다는 판단이 들었다.

　먼저 움푹 파인 곳을 성토하고 잡초를 제거해 최대한 예쁜 토지로 만들었다. 그후 사진전문가에게 사진 작업을 의뢰해 인터넷으로 주말농장을 분양했다. 물론 부동산임대업으로 사업자등록까지 맞췄다. 이러한 필자의 예상은 적중했다. $33m^2$(10평)를 한 구역으로 $3.3m^2$당 만 원에 분양했는데, 불과 몇 개월 만에 분양이 완료되었다. 거기다 더해 주말농장에 필요한 거름, 농기구, 묘목비용의 판매로 매월 고소득을 얻고 있다고 한다.

주5일근무제와 웰빙 열풍에 힘입어 서울 근교에 위치한 주말농장은 모두 성업 중이다.

농지취득자격증명신청서

※ 뒤쪽의 신청안내를 참고하시기 바라며, 색상이 어두운 란은 신청인이 작성하지 않습니다. (앞쪽)

접수번호		접수일자				처리기간	4일 (농업경영계획서를 작성하지 않는 경우에는 2일)

농 지 취득자 (신청 인)	①성 명 (명 칭)		②주민등록번호 (법인등록번호)		⑤취득자의 구분			
	③주 소				농업인	신규 영농	주말· 체험영 농	법인 등
	④전화번호							

취 득 농지의 표 시	⑥소 재 지							⑩농지구분			
	시·군	구·읍· 면	리·동	⑦지번	⑧지목	⑨면적 (㎡)		농업진흥지역		진흥구 역 밖	영농여 건불리 농지
								진흥구 역	보호구 역		

⑪취득원인				
⑫취득목적	농업경영	주말· 체험영농	농지전용	시험·연 구·실습 지용 등

「농지법」 제8조제2항, 같은 법 시행령 제7조제1항 및 같은 법 시행규칙 제7조제1항
제2호에 따라 위와 같이 농지취득자격증명의 발급을 신청합니다.

년   월   일

농지취득자(신청인)   (서명 또는 인)

시장·구청장·읍장·면장 귀하

첨부서류	1. 별지 제2호서식의 농지취득인정서(법 제6조제2항제2호에 해당하는 경우만 해당합니다) 2. 별지 제4호서식의 농업경영계획서(농지를 농업경영 목적으로 취득하는 경우만 해당합니다) 3. 농지임대차계약서 또는 농지사용대차계약서(농업경영을 하지 않는 자가 취득하려는 농지의 면적이 영 제7조제2항제5호 각 목의 어느 하나에 해당하지 않는 경우만 해당합니다) 4. 농지전용허가(다른 법률에 따라 농지전용허가가 의제되는 인가 또는 승인 등을 포함합니다)를 받거나 농지전용신고를 한 사실을 입증하는 서류(농지를 전용목적으로 취득하는 경우만 해당합니다)	수수료 : 「농지법 시 행령」 제74조에 따 름
담당공무 원 확인 사항	법인 등기사항증명서(신청인이 법인인 경우만 해당합니다)	

210mm×297mm[백상지 80g/㎡]

기재시 유의사항

①란은 법인에 있어서는 그 명칭 및 대표자의 성명을 씁니다.

②란은 개인은 주민등록번호, 법인은 법인등록번호를 씁니다.

⑤란은 다음 구분에 따라 농지취득자가 해당되는 란에 ○표를 합니다.

　가. 신청당시 농업경영에 종사하고 있는 개인은 "농업인"

　나. 신청당시 농업경영에 종사하고 아니하지만 앞으로 농업경영을 하려는 개인은 "신규영농"

　다. 신청당시 농업경영에 종사하지 아니하지만 앞으로 주말·체험영농을 하려는 개인은 "주말·체험영농"

　라. 농업회사법인·영농조합법인, 그 밖의 법인은 "법인 등"

[취득농지의 표시]란은 취득대상 농지의 지번에 따라 매 필지별로 씁니다.

⑧란은 공부상의 지목에 따라 전·답·과수원 등으로 구분하여 씁니다.

⑩란은 매 필지별로 진흥구역·보호구역·진흥지역 밖으로 구분하여 해당란에 ○표를 합니다.

⑪란은 매매·교환·경락·수증 등 취득원인의 구분에 따라 씁니다.

⑫란은 농업경영 / 주말·체험영농 / 농지전용 / 시험·연구·실습용 등 취득 후 이용목적의 구분에 따라 해당란에 ○표를 합니다.

※ 농지취득 후 농지이용목적대로 이용하지 아니할 경우 처분명령 / 이행강제금 부과 / 징역·벌금 등의 대상이 될 수 있으므로 정확하게 기록하여야 합니다.

처리 절차

이 신청서는 무료로 배부되며 아래와 같이 처리됩니다.

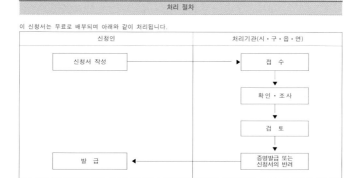

신청인	처리기관(시·구·읍·면)
신청서 작성	접 수
	확인·조사
	검 토
발 급	증명발급 또는 신청서의 반려

■ 농지법 시행규칙 [별지 제4호서식] <개정 2012.7.18>

농업경영계획서

(앞쪽)

취득 대상 농지에 관한 사항	①소재지			②지번	③지목	④면적 (㎡)	⑤영농 거리	⑥주재배 예정 작목 (축종명)	⑦영농 착수시기
	시·군	구·읍·면	리·동						
		계							

농업 경영 노동력의 확보 방안	⑧취득자 및 세대원의 농업경영능력					
	취득자와 관계	성별	연령	직업	영농경력(년)	향후 영농여부
	⑨취득농지의 농업경영에 필요한 노동력확보방안					
	자기노동력		일부고용		일부위탁	전부위탁(임대)

농업 기계·장비의 확보 방안	⑩농업기계·장비의 보유현황					
	기계·장비명	규격	보유현황	기계·장비명	규격	보유현황
	⑪농업기계장비의 보유 계획					
	기계·장비명	규격	보유계획	기계·장비명	규격	보유계획

⑫연고자에 관한 사항	연고자 성명		관계	

「농지법」 제8조제2항, 같은 법 시행령 제7조제1항 및 같은 법 시행규칙 제7조제1항제3호에 따라 위와 같이 본인이 취득하려는 농지에 대한 농업경영계획서를 작성·제출합니다.

년   월   일

제출인   (서명 또는 인)

210mm×297mm[백상지 80g/㎡]

⑬소유농지의 이용현황

소 재 지				지번	지목	면적 (m²)	주재배작목 (축종명)	자 경 여 부
시 · 도	시 · 군	읍 · 면	리 · 동					

⑭임차(예정)농지현황

소 재 지				지번	지목	면적 (m²)	주재배 (예정)작목 (축종명)	임 차 예정 여 부
시 · 도	시 · 군	읍 · 면	리 · 동					

⑮특기사항

기재상 유의사항

⑤란은 거주지로부터 농지소재지까지 일상적인 통행에 이용하는 도로에 따라 측정한 거리를 씁니다.

⑥란은 그 농지에 주로 재배 · 식재하려는 작목을 씁니다.

⑦란은 취득농지의 실제 경작 예정시기를 씁니다.

⑧란은 같은 세대의 세대원 중 영농한 경력이 있는 세대원과 앞으로 영농하려는 세대원에 대하여 영농경력과 앞으로 영농 여부를 개인별로 씁니다.

⑨란은 취득하려는 농지의 농업경영에 필요한 노동력을 확보하는 방안을 다음 구분에 따라 해당되는 난에 표시합니다.

　가. 같은 세대의 세대원의 노동력만으로 영농하려는 경우에는 자기 노동력 란에 ○표

　나. 자기노동력만으로 부족하여 농작업의 일부를 고용인력에 의하려는 경우에는 일부고용란에 ○표

　다. 자기노동력만으로 부족하여 농작업의 일부를 남에게 위탁하려는 경우에는 일부 위탁 란에 위탁하려는 작업의 종류와 그 비율을 씁니다.

　　　[예 : 모내기(10%), 약제살포(20%) 등]

　라. 자기노동력에 의하지 아니하고 농작업의 전부를 남에게 맡기거나 임대하려는 경우에는 전부위탁(임대)란에 ○표

⑩란과 ⑪란은 농업경영에 필요한 농업기계와 장비의 보유현황과 앞으로의 보유계획을 씁니다.

⑫란은 취득농지의 소재지에 거주하고 있는 연고자의 성명 및 관계를 씁니다.

⑬란과 ⑭란은 현재 소유농지 또는 임차(예정)농지에서의 영농상황(계획)을 씁니다.

⑮란은 취득농지가 농지로의 복구가 필요한 경우 복구계획 등 특기사항을 씁니다.

210mm×297mm[백상지 80g/ m²]

다음으로 농가주택을 이용한 펜션사업을 살펴보자. 토지 투자를 하다보면 농가주택이 포함된 토지에 투자하는 경우가 자주 발생하는데, 생각보다 괜찮은 농가주택을 자주 접하게 된다. 만약 내가 투자한 곳이 관광지와 가깝거나, 주변의 자연경관이 좋다면 펜션사업을 진행해보는 것도 한 가지 방법이다. 단, 소액으로 투자할 경우에는 '농어촌민박'에 해당되도록 해야 한다.

농어촌민박이란 숙박시설이 아닌 단독주택을 이용해서 농어촌의 소득을 늘릴 목적으로 숙박·취사시설 등을 제공하는 것을 말한다. 농어촌민박은 특수한 형태의 숙박시설로써 호텔, 휴양 콘도미니엄, 여관 및 여인숙과 같

버려진 한옥을 활용해 농어촌민박으로 활용한 예. 단 연면적 230㎡ 미만의 단독주택 또는 다가구주택만 가능하다.

이 '공중위생관리법'에 따른 숙박업에 해당하지 않는다. 단, 농어촌민박에 해당되기 위해서는 건축물의 연면적 제한이 있고 호실이 7실 이하여야 한다. 더불어 주인이 직접 근처에서 살거나, 주소지를 이전하거나, 현지인에게 위탁해 운영해야 하는데, 연 1,800만 원 이하의 범위에서 소득세를 감면받을 수 있기 때문에 농가주택 활용의 좋은 예로 들 수 있다.

주의사항으로는 농어촌 민박 기준을 넘을 경우 숙박업에 해당되어 종합소득세, 부가세를 납부하는 등의 규제가 따르며, 펜션 과잉공급 지역인 경우에는 주변의 입지와 수요분석을 철저히 해야 한다.

농어촌민박과 숙박업의 비교

	농어촌민박	숙박업
해당 법령	농어촌정비법	공중위생관리법
사업자격	농어촌지역 및 준농어촌지역의 주민	누구나 가능
건축률 용도	단독주택	숙박시설
입지	'건축법 시행령' 별표 1 제1호에 따른 단독주택 건축이 가능한 곳	'건축법 시행령' 별표 1 제15호에 따른 숙박시설의 건축이 가능한 곳
시설규모	주택연면적 230제곱미터 미만 · '문화재보호법'에 따라 지정문화재로 지정된 경우 규모의 제한 없음	제한 없음.
소방시설	수동식소화기 비치 및 단독경보형감지기의 설치	소화기의 비치 및 방염 조치
소득세	소득세과세 · 농어민이 부업소득을 올리기 위한 경우 연 1,800만 원 이하의 범위에서 소득세 비과세	소득세 과세

'농어촌정비법'

제86조(농어촌민박사업자의 신고)

① 농어촌민박사업을 경영하려는 자는 농림축산식품부령 또는 해양수산부령으로 정하는 바에 따라 시장·군수·구청장에게 농어촌민박사업자 신고를 하여야 한다. 신고내용을 변경하거나 폐업할 때에도 또한 같다.〈개정 2013.3.23.〉

② 제1항에 따른 신고의 방법 및 절차 등에 필요한 사항은 농림축산식품부령 또는 해양수산부령으로 정한다.〈개정 2013.3.23.〉

③ 시장·군수·구청장은 제2항에 따라 신고를 받은 경우에는 그 신고내용을 확인한 후 농림축산식품부령 또는 해양수산부령으로 정하는 바에 따라 신고필증을 신고인에게 내주어야 한다.〈개정 2013.3.23.〉

④ 삭제〈2015.1.6.〉

제86조의2(농어촌민박사업자의 준수사항)

농어촌민박사업자는 다음 각 호에 따른 사항을 준수하여야 한다.

1. 농어촌민박사업자는 제86조 제3항에 따른 신고필증 및 요금표를 민박주택의 잘 보이는 곳에 게시하여야 한다.

2. 농어촌민박사업자는 서비스 수준의 제고를 위하여 농림축산식품부령 또는 해양수산부령으로 정하는 서비스·안전기준을 준수하여야 하고, 시장·군수·구청장이 농림축산식품부령 또는 해양수산부령으로 정하는 바에 따라 서비스·안전 수준 제고를 위하여 실시하는 교육을 받아야 한다.

3. 농어촌민박사업자는 투숙객을 대상으로 조식을 제공할 수 있으며, 그 비용을 민박요금에 포함하여야 한다.

[본조신설 2015.1.6.]

이번에는 보다 규모가 큰 경우의 사업을 살펴보자. 1969년 어느 부부가 경상남도 거제도 부근에서 바다낚시를 하다가 태풍을 피해 어느 작은 섬에서 하룻밤을 묵었다. 그런데 태풍이 사라진 다음날 부부가 섬을 살펴보고는 아름다움에 크나큰 감동을 얻었다. 그래서 부부는 전기도 전화도 없는 섬을 1973년에 매수했다. 이후 부부는 1976년부터 관광농원을 시작해 20년 동안 나무를 옮겨와 심는 작업을 했고, 섬을 조금씩 개발하는 등 바꿔나갔다. 그리고 1995년 부부의 관광농원은 이국적인 풍경 등으로 입소문을 타면서 관광객이 몰려들었다.

이곳은 현재 국내 인구의 30%가 한번쯤은 방문한 국내 대표 관광명소가 된 경남 거제의 '외도 보타니아'다.

외보 보타니아의 전경

하지만 '섬' 투자는 상당한 노력과 비용을 요하고 규제사항 또한 많아 쉽게 접근할 수 있는 투자법은 아니다. 특히 섬은 물, 전기, 배의 접근성, 섬의 크기, 육지와의 거리, 집터, 경사도, 해안선의 형태, 주변 경관에 따라 매매가격이 달라진다. 더불어 섬은 대지, 논, 밭부터 임야, 염전 등이 다양하게 존재하기에 실제 개발 가능 면적을 판단하는 데 상당한 주의가 필요하다. 공익용 보전산지도 많아 개발제한이 되는 경우가 많은데, 이런 공익용 보전산지는 개인의 이용이 제한되 가축방목, 약초 및 야생화 재배, 식물원 조성 등의 용도로만 사용 가능하다. 특히 무인도는 경관과 생태계보전을 위한 자연환경보전지역으로 개발 자체가 불가능한 경우가 대다수다.

대박 Point ◉

▶ **섬 투자 시 주의 사항**
- 투자의 목적과 용도를 분명히 해라. 보유만족인지, 개발목적인지, 막연한 접근은 금물이다.
- 섬 매수 전 서류를 잘 검토해 어떤 규제가 있는지 살펴봐야 한다.
- 섬의 모양과 더불어 높이, 활용 및 개발 가능한 토지를 확인하고, 태풍 및 기후와 바람 강우량도 조사해야 한다.
- 만조 및 간조 시 갯벌 변화와 접안가능성도 점검해라.
- 섬의 가격은 가늠할 수 없다.

5. 소액 토지 투자의 화룡점정, 자투리 토지 활용하기

조그맣고 못생겨 저렴한 토지라도 함부로 버릴 토지는 없다. 초보 투자자 시절 은퇴한 고수로부터 종자돈을 키우는 비법을 몇 가지 배웠는데 그 중 한 가지가 자투리 토지 활용법이다. 필자는 첫 투자 시 가진 돈을 대부분 써버려 여윳돈이 거의 없었다. 투자 가능한 여윳돈이라고는 2천만 원 정도였는데 이를 이용해 토지에 투자했다. 당시 투자한 토지란 지목이 임야를 제외한 전·답 가운데 $330m^2$의 규모 중 무조건 $3.3m^2$당 2만 원 미만의 최저가 토지만 골라 10필지를 매수했다. 출입증이 있어야만 출입이 가능한 민통선 근처의 $3.3m^2$당 만 원짜리 토지거나, 겉보기에는 임야나 다름없는데 단지 지목만 전·답인 맹지까지 대부분 이상한 모양의 자투리 토지였다.

필자가 왜 이런 토지에 투자를 했는지 다들 의아할 것이다. 토지거래허가구역에서 토지를 매매하기 위해선 여러 조건을 갖춰야 하는데, 그 중 한 가지가 일정규모 이상이어야만 한다는 조건인데, 당시에는 $991m^2$(300평)였다. 만약 어떤 사람이 마음에 드는 토지를 매수하려 하는데 그 토지가 $826m^2$(250평)의 규모라면, 그는 모자라는 $165m^2$(50평)을 채우려 자투리 토지를 찾게 된다. 대부분 이런 경우 일단 허가요건부터 맞추자는 다급함에 가격이 그리 부담되지 않는다면 자투리 토지를 반드시 매수한다. 가장 큰 수익을 남긴 경우가 160만 원에 매수한 산 $264m^2$(80평)짜리 자투리 토지를

2,400만 원에 매도한 경우다. 여담이지만 이 토지는 남의 논 사이에 끼어 있는 토지라서 필자는 한 번도 제대로 본 적이 없다. 하여간 이런 방법으로 필요한 사람에게 여섯 필지를 팔고 나니 세금을 내고도 일억 원 이상의 수익을 얻었다. 기간은 불과 2년도 채 안 걸렸다. 일반매매로 허가구역 전·답을 사면 의무보유 기간이 2년이다. 그러나 이것도 원칙에 불과할 뿐 모든 규정에는 예외가 항상 있기 마련이니 방법을 찾으면 된다.

초보자들에게는 천만 원으로 일억 원을 만드는 단계, 일억 원으로 십억 원을 만드는 단계, 십억 원으로 그 이상을 만드는 단계가 무척이나 두렵다. 필자는 과거 언젠가 은퇴한 고수에게 단계별로 투자자금을 굴리는 노하우를 배웠는데 결국 맥락은 같았다. 다만 단계가 높아질수록 여러 규제나 법을 적절하게 응용해야 할 일이 많아서 난이도가 높아질 뿐이다. 그때 만난 고수는 7억 5천만 원에 매수한 토지를 6개월 만에 24억 원에 매도한 경험도 있다고 했다. 무협지에서나 나올 법한 이야기다. 하지만 방법을 알고 원리를 이해한다면 지금도 얼마든지 가능하다. 중요한 것은 여러 규제가 첩첩이 있더라도 그것이 누군가에게는 진입장벽이 될 수 있지만 긍정적인 마인드로 진입장벽을 하나하나 뚫고 들어간 이에게는 절호의 기회가 될 수 있다는 것이다.

6. 당신을 부자로 만드는, 임야 투자의 10가지 법칙

제1법칙, 넓은 규모의 토지를 사서 필지분할한다

임야는 면적에 따라 가격차이가 크다. 같은 위치의 토지도 작은 면적의 토지가 넓은 면적의 토지 대비 2배 이상 비싼 경우가 있다. 그래서 넓은 면적의 토지를 여러 명이 매입해 분할하는 것이 현명한 투자 요령이다. 법률에 따라 분할이 불가하다면 공동분배의 방식으로 매수하면 된다. 이 방법은 안정적이고 수익률이 높은 토지 투자의 기본이다. 투자 전 미리 매도시기, 매도방법과 수익분배 방식 등을 구체적으로 명시한다면 큰 문제는 없다. 아주 간단하고 쉬운 투자방식으로 투자자들간 신뢰문제를 해결한다면, 초보자의 소액 투자방식으로 적극 추천한다.

제2법칙, 도로에서 한 발짝 들어간 토지를 매수한다

도로변의 토지와 도로에서 한 발짝 들어간 토지는 가격차이가 크다. 도로에서 한 블록 들어갔더라도 진입로를 내면 용도에는 별 차이가 없다. 전원카페나 모텔 같은 경우는 오히려 운치가 있어 좋다. 단, 토지를 보는 안목과 실전경험이 풍부해야 한다. 현장을 보고, 앞 토지가 죽어 있는 지형을 선택하면 된다. 고수들은 아예 맹지에 길을 내고, 몇 배의 가치상승을 노린다. 투자할 토지는 찾는 것이 아니라 만드는 것이다.

제3법칙, 현지인을 내편으로 만든다

현지사정을 가장 잘 아는 사람은 동네 주민과 이장이다. 그들과 친해지면 싸게 좋은 물건을 매수할 수 있고, 토지 개발 시 많은 도움을 받는다. 현지인은 그 물건의 이력을 정확히 알고 있다. 소유자가 매수한 원가, 매도 이유를 알아야 싸게 매수할 수 있다. 더 적극적인 방법은 소개한 현지인에게 공동으로 매수하자고 제안하는 것이다. 현지인과 공동 투자 시 매수가격이 더욱더 떨어지며 관리도 용이하다.

제4법칙, 개발계획을 확인한다

해당 군청의 지적과에서 대상 필지가 있는 임야위치를 확인하고 개발계획을 확인해야 한다. 단, 개발계획은 말 그대로 '계획'이다. 언제 실행될지 모르니, 발표된 개발계획을 맹신하지 말자. 만일 계획대로 실행된다 해도 개발계획이 내 토지에 혜택을 줄지, 오히려 해를 줄지는 모르는 것이다. 그리고 '토지이용계획확인원'의 해당 용도를 관공서와 현지의 설계측량사무소에 문의한다. 개발허용범위와 제한용도를 구체적으로 파악하고, 비용도 산정한다.

제5법칙, 경사도와 토질을 살펴본다

아무리 저렴해도 경사도가 높으면 용도가 없다. 그래서 경사도를 주의 깊게 살펴봐야 한다. 그리고 토질은 관심 밖에 두기 쉬운데, 토질은 임야의 활용 범위를 넓혀 준다. 우리나라 지형상 낮은 지형의 구릉지 임야가 얼마나 있겠는가? 있다 해도 그런 물건들은 농지나 대지 가격에 거래된다. 일단 임야는 싸야 한다. 보전산지든 준보전산지든, 개발허용범위가 다양하게 있으니, 내 목적과 맞는 물건을 구하면 된다. 임야물건은 대개 보전과 준보전의 용도가 섞여 있는 경우가 많다. 싼 임야는 면적의 10%만 개발해도 원가 이상의 가치가 나온다.

제6법칙, 주변 환경을 본다

주변경관이 좋으면 값어치가 상승한다. 특히 요즘같이 전원 마인드가 커져가고 있을 때는 주변경관이 임야의 가치를 좌우한다. 물(계곡, 강, 바다)과의 관계도 빠뜨리면 안 된다. 미래에는 '경관재테크'란 용어도 등장하지 않을까 싶다.

주변경관과 관련해서는 산림청의 책도 중요하다. 보호할 가치가 있는 임야는 규제로 묶어 보전하고 있는데, 무조건 개발금지가 아니라 다양한 산지활용을 권장하고 있다. 수목원, 야생화, 약초, 방목, 산지식물재배, 경제림조성 같은 이용 목적에 따라 금융지원도 하고 있으니, 장기투자와 귀농목적인 경우는 주변환경과 입목상태를 잘 살펴야 한다. 보전산지의 산이라도 외면하지 말고, 항상 가능성을 따져보는 습관을 길러보자.

제7법칙, 개발목적에 맞는지를 살펴본다

전원주택, 목장, 레저, 실버타운, 육림 등 자신의 활용목적과 맞는지 확인한다. 설령 자기가 개발하지 않더라도 나중에 토지를 매수할 사람이 무슨 용도로 사용할지 생각해봐야 한다. 개발목적을 정할 때는 필히 환금성을 염두에 두자. 많은 시간과 비용을 들여 개발해놓고, 뜻하지 않은 사정으로 팔아야 하는 경우도 생길 수 있다. 토지는 한번 손을 대면 회복하기 어렵고, 손을 댄 땅은 매력이 떨어진다. 성급한 개발보다 정확한 컨설팅에 주력하고, 먼저 개발 방법을 연구하자.

제8법칙, 임지상의 제한물건 등을 확인한다

임야는 면적이 넓다보니, 임지상 분묘가 있는지 확인이 안 되는 경우도 있다. 분묘는 항공사진 등을 이용하면 어느 정도의 확인이 가능하지만, 그래도 현장은 무조건 꼼꼼히 밟아봐야 한다. 만약 매수할 토지에 분묘가 있다면 계약과 동시에 이장하기로 합의하고, 중도금 이전에 체크한다. 문제는 무연고 분묘인데, 공고 후 이장하는 절차가 있지만 변수가 많아, 매수 전 무연고 분묘의 처리방안에 대해 매도인과 협상해야 한다. 더불어 '입목에 관한 법률'에 의한 입목의 존재 여부도 확인해야 할 사항이며, 과실수 및 관상수 등 조림수목의 소유관계도 반드시 확인해야 한다.

제9법칙, 전문가와 현장답사를 한다

현장확인은 필수다. 많은 투자자들이 어디에 있는 임야인지도 모르는 채 임야도만 보고 투자하는 경우가 많다. 그러나 산중의 산은 투자가치가 전혀 없는 경우가 허다하니, 현장답사는 필수적인 사항이다. 현장답사 시 지형도 등을 임야도와 함께 지참하고 정확한 위치를 지적할 수 있는 전문가의 도움을 받는 것이 좋다.

임야도 발급 시 동서남북 4방향을 한 장씩 더 붙여 발급해달라 하고, 물건지와 가장 가까운 전, 답의 지번을 파악해 지적도를 같이 발급받는다. 이러면 축적이 다른 임야도와 지적도 두 장이 생기는데, 이렇게 두 장을 가지고 현장을 답사하면 좀 더 확실하게 경계파악이 가능하다. 임야지형은 비슷한 경우가 많으므로, 현지인에게 위치와 경계확인을 필히 해야 한다. 하지만 고수들은 임야도만 보더라도 현장의 지형상태를 거의 알아내니, 고수와 함께하는 현장답사가 최고의 방법이다.

제10법칙, 여윳돈으로 투자한다

임야는 다른 부동산에 비해 환금성이 현저히 떨어져, 무리한 자금을 투입하면 낭패 보기 십상이다. 특히 이자까지 부담해야 한다면 심각한 자금 압박에 시달리게 된다. 때문에 임야 투자는 항상 여윳돈을 활용해야 한다. 임야 중에는 수백만 원짜리 매물도 많으니 무리해 비싼 임야를 매수하지 말고 저렴한 임야라도 저축하듯 꾸준히 모으면 된다.

7. 소액 토지 투자, 파는 것도 전략이다

필자는 어린 시절부터 만화책을 좋아했다. 지금도 만화책을 좋아해 사무실 서재 한 면은 토지 전문가답지 않게 만화책이 차지하고 있다. 필자가 만화책을 좋아하는 이유는 만화책의 주인공들이 늘 특별하고, 멋져 보이고, 보통의 사람들과는 다른 존재로 보이기 때문이다. 그런데 나이가 들은 지금 깨달은 것은 '보통사람'인 주인공이 특별해질 수 있는 이유는 주인공의 주변인물들이 만들어낸 기대심리 때문이라고 생각한다. 이와 비슷한 말로 '자리가 사람을 만든다'는 말이 있는데, 주변 평판이 주인공을 특별한 사람으로 만들 듯, 평범한 토지 역시 지주의 전략에 따라 특별한 주인공이 될 수 있다.

아무리 좋은 토지라도 사람들이 이해하지 못하면 평범한 토지로 전락한다. 하지만 평범한 토지라도 어떤 전략을 세우느냐에 따라 특별한 토지가 되기도 한다. 소액으로 토지에 투자할 때와 마찬가지로, 토지의 매도 시 전략이 필요한데, 기본 중의 기본은 역시 예쁜 토지로 만드는 것이다. 수십 번, 수백 번 이야기했던 토지 화장과, 성형은 선택이 아니라 필수다. 이를 게을리한다면 아무리 좋은 토지라도 시세보다 저렴한 가격에 매도하게 될 것이다. 성토와 절토는 기본이고, 구불구불한 길을 곧게 닦는다던지 등의 노력이 필요하다. 내 눈에 예뻐야 다른 이들에게도 예쁜 것이다.

그리고 매수, 매도 타이밍도 중요하다. 해당 지역의 개발소식에 맞춰 움직여야 한다. 필자의 세미나를 들어본 사람이라면 알겠지만 토지란 무릎에 사서 어깨에 팔아야 된다. 토지의 지가는 세 번에 걸쳐 상승하는데. 첫 삽을 떴을 때 또는 완공 직전 매도하는 것이 가장 많은 차익을 남길 수 있는 타이밍이다. 이를 위해 주기적으로 공사현장을 살펴보는 것도 좋고, 주변에 기반시설이 얼마나 생겼는지 확인하는 것도 한 방법이다. 이 시기를 놓치면 기대심리가 안정화된다. 즉 기대심리가 최고조인 시점에서 매도해야 된다는 말이다.

마지막 방법은 '○○에 적합한 토지'라는 입소문을 퍼트리는 것이다. 나쁘게 말하면 입소문이고 좋게 말하면 마케팅을 하라는 것이다. 예를 들어, 주변에 산업단지 등이 많은 곳이라면 '창고로 사용하기 좋은 땅'이라는 것을 공인중개사에게 강조하든가, 소개란에 작성하는 것이다. 주변에 상업시설이 많은 곳이나, 업무시설이 많은 곳에는 '주차장용지'도 좋은 방법이다. 주변 환경에 따른 마케팅은 토지에 프리미엄을 붙여준다.

이처럼 어떤 전략을 세우느냐에 따라 토지를 만화책의 주인공과 같이 매매시장의 주인공으로 만들 수 있다. 기억하라. 매매는 내 만족보다 상대의 만족이 우선시 되어야 한다는 것을….

Part 03

소액
부동산 경매로
**흙수저를
탈출해라!**

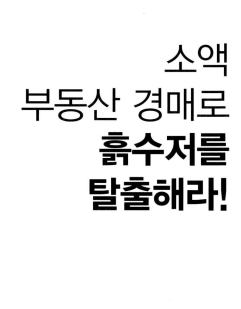

Chapter 01

특수물건,
경매의 블루오션 Blue Ocean

경매라고하면 불과 얼마 전까지만 해도도 팔뚝의 문신, 짧은 머리, 큰 덩치의 검은 양복을 입은 조직폭력배가 가장 먼저 연상될 정도로 험악한 이미지였다. 하지만 지금의 경매 법정은 다르다. 유명브랜드의 할인매장과 같이 아기를 업고 온 젊은 새댁부터 고등학교를 갓 졸업한 학생들에게까지 대중화되었다. 한 번이라도 경매 법정에 가본 이들은 모두 공감할 것이다. 이제 경매는 더 이상 '그들만의 리그'가 아니다. 은행의 적금과 같이 재테크 수단으로 널리 각광받고 있다. 그래서 그런지 지인 전문가들도 요즘 경매 시장에 물건이 없다고 한다.

하지만 IMF 이후 우후죽순으로 쏟아져 나온 경매 물건은 재테크의 블루오션으로서 각광을 받다가, 지금은 레드오션으로 전락했다. 오죽하면 부동산 투자의 시작을 경매 투자로 시작하는 이들도 적지 않으니 말이다. 특히 올해 부동산 경매 시장은 역대 가장 치열했다고도 불릴 정도로 토지, 수익형 부동산, 아파트 등 가릴 것 없이 고가에 낙찰되는 양상을 보이며 호황 아닌 호황을 누렸다.

이는 경매가 쉬워졌기 때문이다. 예전에는 도제 방식으로 몇 년 동안 갖은 고생을 감내하며 경매를 배워야 했지만, 지금은 경매관련 유료사이트 하나만 가입해도 권리분석과 배당분석을 위해 힘들게 공부하지 않아도 되며, 각종 유용한 자료들을 확인할 수 있다. 심지어 유료사이트에서는 입찰표까지 출력이 가능하다.

이처럼 경매가 쉬워지다 보니, 경매의 대중화에 큰 영향을 끼쳤다. 하지만 경매의 대중화에 대한 반대급부로 많은 문제들이 발생되었다. 그 중 가장 큰 문제는 경매의 과열이라고 할 수 있다. 역세권 소형아파트의 낙찰가를 확인해봐라. 부동산 아울렛이라는 경매의 다른 이름이 무색할 정도로, 감정가를 훌쩍 뛰어넘는 가격에 낙찰되고 있다. 심지어 예전에는 반값에 매수가 가능했던 대항력 있는 임차인이 있는 물건도 90%를 넘어 낙찰되고 있다. 이렇게 경매 시장이 과열되다 보니 명도 등 사후처리 비용까지 감안한다면, 차라리 공인중개사에게 커피를 얻어 마시며 급매를 사는 것이 가격 측면이나 정신건강 측면에서 모두 유리할 것이다.

하지만 경매는 다음과 같은 달콤한 유혹이 있다.

첫째, 경매를 통해 부동산을 매수하면 일반 매매보다 저가에 매수가 가능하다(지금 경매 시장이 과열되어 있어도, 저가에 매수가 가능한 비법들이 있다. 이에 대해서는 추후 설명하겠다).

둘째, 근저당, 가압류, 압류, 가등기, 가처분 등의 권리관계를 저렴한 비용으로 말소시킬 수 있다. 일반 매매를 통해 등기사항전부증명서를 세탁하려면 권리자를 찾아가 변제 후 말소 관련 서류를 교부받아야 하는 불편함이 있지만, 경매는 '부동산소유권이전등기촉탁신청서' 한 장으로 말소기준권리 이하 모든 권리관계(말소기준 권리 이후에 설정된 권리라도 인수해야 되는 경우가 있으니 권리분석 시 주의가 필요하다)를 소멸시킬 수 있다.

셋째, 토지거래허가구역 내에서 토지를 취득하고자 하는 경우 일정한 자격을 보유한 경우에 한해 토지거래가 허가되는데, 경매의 경우 토지거래허가가 없더라도 취득이 가능하다.

넷째, 레버리지(Leverage)의 활용이 일반 매매보다 유리하다. 많은 사람들이 부동산 투자의 방법으로 경매를 선택하는 이유는 일반 부동산 투자에 비해 대출 활용도가 높다는 것이다. 낙찰가격 대비 70%에서 최대 80~90%(이 경우 이자는 다소 비싸진다)가량을 경락잔금대출로 활용할 수 있다 보니, 투자자금이 적은 사람들에게는 경매만한 부동산 투자 방법이 없다.

레버리지(Leverage)의 활용을 구체적으로 살펴보자. 1억 원에 지방의 소형 아파트를 낙찰받았다고 가정할 경우, 경락잔금 70%를 활용한다면 취득세 등 이것저것 비용을 감안해도 실투자금은 3,500만 원 미만이다. 그런데 임차인을 구한 뒤 전세나 월세 보증금을 받게 되면, 실투자금은 기껏해야 1,000만 원 내지 2,000만 원으로 더욱더 줄어든다. 심지어 투자금보다 큰 금액으로 보증금을 받은 경우, 내 돈 한 푼 들이지 않고 집이 한 채 생기는 경우도 허다하다.

이와 같은 경매의 이점 때문에, 한번 경매를 맛보면 마약과 같은 경매의 유혹에서 벗어나기 힘들다. 하지만 지금과 같이 경매 시장이 과열된 상황에서 수익을 얻기 위해서는 일반인들이 쉽사리 도전하지 못하는 '특수물건' 위주로 수익을 창출해야 된다. 특수물건에 대하여 여러 가지 정의가 있으나, 필자는 '특별한 수익을 안겨주는 물건'으로 정의하고 싶다. 여기에서는 주로 토지와 관련된 특수물건 위주로 서술하겠다.

Chapter 02
유치권
신고가 있는 물건

물건을 살펴보면 833m^2에 감정가가 116,620,000원이다. 3.3m^2로 환산했을 경우 462,000원이다. 그런데 4번 유찰되어 현재 최저매 각가격이 47,768,000원이다. 3.3m^2당 189,236원에 불과하다. 왜 이 렇게 많이 유찰된 것일까? 정답은 유치권 때문이다. 주의사항을 살 펴보면 유치권 신고가 되어 있다.

유치권이란 '타인의 물건이나 유가증권을 점유한 자가 그 물 건이나 유가증권에 관해 생긴 채권이 변제기에 있는 경우에 그 채권을 변제받을 때까지 그 물건이나 유가증권을 유치할 수 있 는 권리'를 말한다. 이를 쉽게 설명하자면 자동차를 카센터에 수 리 의뢰했는데 수리비가 100만 원 나온 경우, 자동차 주인이 수 리비를 지급할 때까지 카센터는 자동차를 돌려주지 않아도 된다

소재지	(179-55) 경기도 평택시 포승읍 도곡리 ▓▓▓-1 [도로명주소] 경기도 평택시 여울1길 ▓▓(포승읍)				
현황용도	대지	채권자	변▓호	감정가	1,026,795,000원
토지면적	444.5㎡ (134.46평)	채무자	▓▓▓▓개발	최저가	(49%) 503,130,000원
건물면적		소유자	▓▓▓▓개발	보증금	(10%)50,313,000원
제시외		매각대상	토지매각	청구금액	343,396,848원
입찰방법	기일입찰	배당종기일	2014-01-22	개시결정	2013-10-30

기일현황

회차	매각기일	최저매각금액	결과
신건	2014-05-07	1,026,795,000원	변경
신건	2015-12-07	1,026,795,000원	유찰
2차	2016-01-11	718,757,000원	유찰
3차	2016-02-22	503,130,000원	매각

김▓식/입찰14명/낙찰783,588,000원(76%)
2등 입찰가 : 749,000,000원

| | 2016-02-29 | 매각결정기일 | 허가 |

▣ 물건현황/토지이용계획

"도곡초교" 북서측에 인근에 소재

주변은 아파트단지 다가구주택 다세대주택 및 공장 등을 배후로 상업지대

본건 인근까지 차량의 출입이 가능 인근 노선버스 정류장 및 운행빈도 등을 볼 때 대중교통 사정은 보통시됨

장방형의 평지 기준시점 현재 주상용 건물의 기초공사가 중단된 상태임

북동측 및 북서측 노폭 약 20미터 내외의 도로와 접합

일반상업지역(도곡리 ▓ ▓▓)

🔍 **토지이용계획/공시지가**
🔍 **부동산정보 통합열람**
🔍 **감정평가서**

▣ 감정평가현황 ▓▓감정

가격시점	2013-11-08
감정가	1,026,795,000원
토지	(100%) 1,026,795,000원

▣ 면적(단위:㎡)

[토지]

도곡리 ▓▓▓-1
대지 444.5㎡ (134.46평)

▣ 임차인/대항력여부

배당종기일 : 2014-01-22

- 매각물건명세서상 조사된 임차내역이 없습니다

🔍 **매각물건명세서**
🔍 **예상배당표**

▣ 등기부현황/소멸여부

소유권	이전 토지
2004-10-18 이▓자 매매	
소유권	이전 토지
2012-06-19 ▓▓▓▓즈개발 매매	
(근)저당	토지소멸기준 토지
2012-06-28 신한은행 650,000,000원	
(근)저당	소멸 토지
2013-06-04 변▓호 350,000,000원	
가압류	소멸 토지
2013-08-05 ▓▓토건 309,700,000원	
임의경매	소멸 토지
2013-11-01 변▓호 청구 : 343,396,848원 2013타경17054	

▷ 채권총액 : 1,309,700,000원

🔍 **등기부등본열람**
토지열람 : 2013-11-15

명세서 요약사항 ▸ 최선순위 설정일자 2012.06.28근저당권

매각으로 소멸되지 않는 등기부권리	해당사항 없음
매각으로 설정된 것으로 보는 지상권	해당사항 없음
주의사항 / 법원문건접수 요약	건축허가 받았으나 건물의 기초공사가 중단된 상태이며 승계여부 등은 해당관청에 확인 요함, ▓▓토건(주) 신고의 공사대금 유치권에 대한 부존재확인 확정판결 제출(평택지원2014가합18▓▓, 서울고등 2015나7147), 2014-01-20 가압류권자 ▓▓▓토건 주식회사 유치권신고 제출 2014-04-25 채권자 변▓호 매각기일변경신청서 제출 2014-04-25 채권자 변▓호 유치권배제신청서 제출 2014-06-03 채권자 변▓호 매각기일연기신청서 제출 2015-10-20 채권자 변▓호 유치권배제신청서 제출

부동산종합공부 요약

지번	11▓-1	지목/면적	대 (444.5㎡)	공시지가	기준일 : 2015-01-01 → 1,629,000원 / ㎡

* 일반상업지역 * 중로1류 * 국가산업단지 * 상대정화구역

는 것이다.

그런데 이 물건의 경우 유치권 신고가 되어 있다는 주의사항이 있음에도, 등기사항전부증명서에는 유치권이 등기되어 있지 않다. 이는 유치권이 엄연한 물권임에도 등기할 수 없는 물권이기에 등기사항전부증명서의 열람만으로는 파악이 불가능하기 때문이다. 그리고 유치권이 무서운 이유는 말소기준권리의 선후를 막론하고 낙찰자가 인수해야만 하는 경매에서 가장 지독한 권리이기 때문이다. 이는 유치권이 당해 물건에 관해 생긴 채권의 채권자에게 법률상 당연히 주어지는 법정담보물권임에도 우선변제권이 인정되지 않기 때문이다.

유치권의 가장 흔한 발생 원인은 부동산을 공사한 업자가 공사대금을 받지 못해 부동산을 점유하며 발생된다. 그외 임차인이 시설비에 유치권을 신고하는 경우도 빈번한데, 이 경우는 대부분 채권자들이 저가 낙찰을 피하고자 유치권 배제신청을 하곤 한다.

유치권에서 주의 깊게 살펴봐야 할 것은 유치권의 진위 여부를 일차적으로 파악해보고, 진성 유치권이 성립한다면 유치권자의 채권액을 정확하게 파악해야 한다. 유치권 신고가 된 물건은 일반적인 낙찰가보다 월등히 저렴하게 낙찰되곤 하는데 만약 진성 유치권이 아닌 허위 유치권일 경우 저가 낙찰로 인해 큰 수익을 얻을 수 있다. 또한 진성 유치권이라 할지라도 유치권자와 협의해 유치권 신고 채권액보다 월등히 저렴한 가격으로 대위변제를 하게 된다면 이 역시 큰 수익을 얻을 수 있는 방법 중 하나다.

그렇다면 유치권 신고 물건의 경우 가장 마음을 졸여야 하는 당사자는 누구일까? 정답은 채권자다. 이는 저가에 낙찰될 경우 저가 낙찰가격과 반비례해 채권자가 채권실현을 할 수 없기 때문이다. 앞의 물건 역시 채권자가 유치권 배제신청을 접수했다. 따라서 유치권과 관련해 채권자에게 문의를 할 경우 채권자들이 적극적으로 협조를 해주는 경우가 많다. 채권자가 금융기관일 경우 인터넷 검색만으로도 손쉽게 채권자의 연락처를 알아낼 수 있을 것이다.

하지만 채권자가 개인이라면 어떻게 채권자의 연락처를 알아낼 수 있을까? 바로 부동산 등기사항전부증명에 명시된 채권자의 주소지로 찾아가면 된다. 당일 채권자를 만나지 못하더라도 유치권과 관련된 메모를 남기고 오면 십중팔구 채권자에게서 연락이 올 것이다. 필자의 예를 들어보겠다.

몇 해 전이었다. 부안의 농지가 경매로 나왔는데 각종 공부상 확인 결과 다음과 같았다.

- 감정가격 : 35,000,000원
- 물건종별 : 농지
- 토지면적 : 476㎡
- 계획관리지역, 자연취락지구, 소하천(하천1000저촉), 소하천구역, 문화재보존영향 검토대상구역, 상대정화구역
- 석불산영상랜드 및 청호저수지와 차량으로 5분 거리에 위치함.
- 신재생에너지테마파크와 차량으로 10분 거리에 위치함.
- 변산해수욕장과 차량으로 20분 거리에 위치함.
- 새만금개발지와 10분 거리에 위치함.
- 부안시내와 차량으로 15분 거리에 위치함.
- 부안나들목과 차량으로 20분 거리에 위치함.

하지만 유치권으로 계속 유찰되고 있는 상황이었다. □□건설회사로부터 공사대금 5,000만 원의 유치권 신고가 있었으나 현장방문 결과 유치권이 성립할 만한 공사 흔적도 없었고, 유치권자가 점유를 하고 있는 표상도 없었다. 아무리 생각해봐도 허위 유치권인 것 같았다. 그런데 사건 기록에는 채권자의 유치권 배제신청이 없다. 채권자가 금융기관이 아닌 개인이다 보니 잘 몰라서 그런 것 같다. 등기사항전부증명서에 나와 있는 채권자의 주소지를 확인해 보니 대전에 거주하고 있다. 즉시 대전으로 출발했다. '띵동~, 띵동~' 수차례 벨을 눌러보아도 인기척이 없는 것을 보니 부재중인 듯하다. 다음과 같이 메모를 남겼다.

안녕하세요.
선생님께서 경매 신청을 한 물건과 관련해 방문했는데,
부재중인 관계로 이렇게 메모를 남깁니다.
다름이 아니라 선생님이 경매 신청을 한 물건이 유치권 때문에
계속 유찰 중에 있습니다.
앞으로도 계속 유찰된다면 그 피해는 선생님에게 돌아갑니다.
제가 도움을 드릴 수 있으니, 전화 부탁드립니다.

전은규 드림 (010-0000-0000)

아니나 다를까. 그날 저녁 채권자로부터 전화가 왔다.

 전은규씨 되시나요?
 네, 제가 전은규입니다.
 낮에 우리집에 다녀가신 듯한데, 댁은 누구신지요?
 네, 저는 선생님께서 경매를 진행한 토지를 매수하려고 하는 사람입니다. 그런데 당해 토지에 유치권 신고가 되어 있어 계속해서 유찰되고 있는 상황입니다. 결과적으로 경매가 완료되더라도 선생님이 받아갈 수 있는 배당금이 그만큼 줄어든다는 것입니다.
 그런데 유치권이란 게 대체 뭐요?
 네, 선생님께서 경매를 진행한 토지에 □□건설회사가 공사를 진행 후 공사대금을 받지 못해 토지를 점유하고 있다고 하네요.

유치권에 대해 설명을 들은 채권자는 노발대발했다.

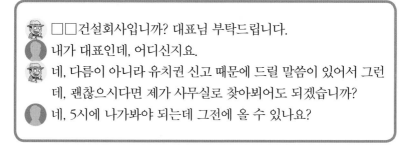

언성이 높아진 채권자와의 통화를 종료했다. 채권자와의 통화 후 허위 유치권이라고 바로 감이 왔다. 인터넷을 뒤져보니 인근 지역에 □□건설회사라는 상호를 사용하는 곳이 5군데 있었다. 모두 전화 통화를 해보자 어렵지 않게 유치권자와 통화 연결이 되었다.

전화를 끊자마자 부리나케 유치권자의 사무실로 달려갔다. 생각했던 것과는 다르게 매우 협소한 공간이었다. 직원도 전화를 받는 여직원 한 명과 대표가 전부였다.

대체 무슨 일로 날 찾은 거요?

 네, 대표님께서 유치권 신고를 한 토지에 입찰하려 합니다. 제가 낙찰받으면 대위변제를 해야 됩니다. 그래서 대표님과 협의가 가능하다면 입찰을 하고, 협의가 불가능하지 않다면 입찰을 포기하려고 대표님을 찾아뵀습니다.

 아, 그럼 낙찰받으면 대위변제하겠다는 소리요?

 네, 제가 낙찰만 받는다면 대위변제할 예정입니다. 그래서 그런데 정확한 채권액과 채권내용은 어떻게 되는지요?

대위변제를 하겠다는 말에 유치권자는 긴장이 풀린 듯, 유치권과 관련한 얘기들을 풀어냈는데 유치권자의 얘기들을 요약하면, 유치권자는 소유자의 형이라고 한다. 어렸을 때는 우애가 좋았는데, 소유자인 동생이 유치권자인 형에게 돈을 빌린 뒤 갚지 않자 사이가 나빠졌다고 한다. 유치권은 그때 빌려준 돈으로, 아는 지인이 돈을 받을 수 있는 방법이 있다며 대신 신고해 준 것이라고 한다.

필자는 유치권자에게, 지금 하는 행동이 허위의 유치권 신고이고, 허위의 유치권 신고는 중대범죄로 형사상 처벌은 물론 민사상 손해배상책임까지 져야 된다고 설명해줬다. 그러자 겁을 먹었는지 고압적인 자세가 금세 저자세로 바뀌었다.

선생님, 그럼 제가 뭘 어떻게 해야 되나요?

네, 채권자에게는 제가 잘 말씀 드릴 것이니 너무 겁먹지 마시고요. 유치권은 제가 요청을 하면 그때 철회하세요. 그리고 만약 제가 낙찰을 받게 된다면 따로 수고비는 드리겠습니다.

네, 그럼 저는 선생님만 믿겠습니다.

입찰 당일 1,455만 원(3.3㎡ 당 약 10만 원)을 써냈는데 예상한 것과 같이 단독 입찰이었다. 과연 어느 바보가 5,000만 원의 유치권 신고가 된 3,500만 원짜리 토지에 입찰을 하겠는가? 낙찰 후 유치권자는 유치권 신고를 철회했고, 나는 유치권자에게 얼마의 사례비를 줬다.

이런 경우는 운이 매우 좋았던 케이스인데, 유치권의 해결 방법을 다시 정리하며 마치겠다.

첫째, 유치권이 진짜인지 가짜인지를 확인해라. 가짜라면 유치권자와 협의해 유치권 신고를 철회시켜라.

둘째, 유치권이 진짜라면 유치권 신고 금액이 정확한 금액인지를 확인해라.

셋째, 정확한 금액을 확인한 후, 그보다 저렴한 가격으로 유치권자와 협의해라.

Chapter 03

지분 경매 물건

다음 물건의 매각물건현황을 살펴보면 매각하는 지분은 전체 지분의 4/33를 매각함을 알 수 있다. 이와 같이 지분매각이란 부부가 공동명의로 부동산을 소유하거나 또는 상속으로 상속인들이 공동으로 피상속 부동산을 공동소유하는 등의 경우 어느 특정 지분권자의 경제상황이 악화되어 저당권이 실행되거나 또는 강제경매가 진행된 사건으로 각 지분권자의 지분내역 등은 등기사항전부증명서에서 정확하게 파악이 가능하다.

지분 경매는 입지가 좋고 가격이 저렴해도, 물건 전체가 아닌 일부 지분만을 소유한다는 태생적 한계로 쉽게 입찰을 결정하지 못한다. 그뿐만이 아니라 지분 경매는 대출이 불가해 레버리지를 활용할 수 없다. 또한 실제 수익을 얻기까지가 다른 투자보다 더 긴

소재지	(232-910) 강원도 평창군 대화면 개수리 산2▨					
현황용도	임야	채권자	▨▨▨▨▨▨ 유한회사	감정가	11,504,300원	
지분토지	1983.5㎡ (600.01평)	채무자	전▨성	최저가	(49%) 5,637,000원	
건물면적		소유자	전▨성외7명	보증금	(10%) 564,000원	
제시외		매각대상	토지지분매각	청구금액	13,118,135원	
입찰방법	기일입찰	배당종기일	2015-09-17	개시결정	2015-06-24	

기일현황

회차	매각기일	최저매각금액	결과
신건	2015-12-01	11,504,300원	유찰
2차	2016-01-05	8,053,000원	유찰
3차	2016-02-23	5,637,000원	매각
	낙찰5,740,000원(50%)		
	2016-02-29	매각결정기일	허가

▣ 물건현황/토지이용계획

어름치캠프학교 북측 근거리에 위치

부근은 농촌주택 농경지 임야 및 일부 펜션 등 형성 있는 농촌지대

본건 부근까지 차량접근이 가능 버스정류장과의 거리 노선 운행빈도 등을 감안할때 제반 교통사정은 불편

부정형의 완경사 및 급경사 토지

임야도상 맹지이나 본건 북서측의 인접필지를 이용해 출입할 수 있으며 본건 일부에 임도가 소재

계획관리지역(개수리 산2▨)

🗎 **토지이용계획/공시지가**
🗎 **부동산정보 통합열람**
🗎 **감정평가서**

▣ 감정평가현황 거래감정

가격시점	2015-07-06
감정가	11,504,300원
토지	(100%) 11,504,300원

▣ 면적(단위:㎡)

[(지분)토지]

개수리 산2▨
임야 1,983.5㎡ (600.01평)
16364면적중 전▨성지분
1983.5전부

▣ 임차인/대항력여부

배당종기일 : 2015-09-17

- 매각물건명세서상 조사된 임차내역이 없습니다

🗎 **매각물건명세서**
🗎 **예상배당표**

▣ 등기부현황/소멸여부

소유권(지분) 이전
1989-10-31 토지
김▨봉외 7명
재산상속

강제경매(지 토지소멸기
분) 준
2015-06-24 토지
청구 : 13,118,135원
2015타경34▨
▨▨▨▨▨▨ 유한회사
(1588-3570)
전▨성지분

▷ 채권총액 :
13,118,135원

🗎 **등기부등본열람**
토지열람 : 2015-07-06

명세서 요약사항 ▶ 최선순위 설정일자 2015.06.24.강제경매 개시결정

매각으로 소멸되지 않는 등기부권리	해당사항 없음
매각으로 설정된 것으로 보는 지상권	해당사항 없음
주의사항 / 법원문건접수 요약	토지 지상에 분묘가 소재하는 여부는 별도 확인을 요함(분묘소재시 분묘기지권 성립여지 있음)

시간을 필요로 한다. 이와 같은 태생적 한계로 인해 지분 경매는 경쟁이 심하지 않을뿐더러 저가에 낙찰된다. 하지만 이를 긍정적 마인드로 접근한다면 별다른 경쟁자 없이 큰 소득을 올릴 수 있는 방법이 지분 경매다.

그렇다면 지분 경매의 태생적 한계를 극복하는 방법은 무엇일까?

첫째는 택지개발 등으로 토지수용을 앞두고 있는 토지의 지분을 낙찰받는 방법이 있다. 하지만 이 경우 수용보상 금액을 정확하게 예측해야만 손해를 보지 않는데, 실전에서는 보상금이 적게 나와 피해를 입은 사례가 빈번하다.

다음의 방법은 분할을 통한 수익창출이다. 지분 경매에서 낙찰 후 내 지분을 낙찰가격보다 비싼 가격에 다른 공유자에게 매도하거나 아니면 공유자의 지분을 저렴하게 매수한다. 이도 저도 아니면 공유자들과 협의해 부동산을 매도한 후 그 대금을 지분만큼 분할하는데, 이것 역시 협조치 않는다면 공유물분할청구소송 후 형식적경매로 부동산을 매각하는 방법이 있다.

소　　　　장

원　고　○○○ (주민등록번호)
　　　　○○시 ○○구 ○○길 ○○(우편번호 ○○○○○)
　　　　연락처 :

피　고　◇◇◇ (주민등록번호)
　　　　○○시 ○○구 ○○길 ○○(우편번호 ○○○-○○○)
　　　　연락처 :

공유물분할청구의 소

청 구 취 지

1. 별지목록 기재의 부동산에 관하여 별지도면 표시 ㄱ, ㄴ, ㄷ, ㄹ, ㄱ의 각 점을 차례로 연결한 선내 ㉮부분 ○○.○㎡는 원고의 소유로, 같은 도면 표시 ㄹ, ㄷ, ㅂ, ㅁ, ㄹ의 각 점을 차례로 연결한 선내 ㉯부분 ○○.○㎡는 피고의 소유로 각 분할한다.
2. 만약 현물분할이 불가능할 때에는 별지목록 기재의 부동산을 경매에 붙여 그 매각대금 중에서 경매비용을 뺀 나머지 금액을 원고 및 피고에게 각 2분의 1씩 배당한다.
3. 소송비용은 피고가 부담한다.
라는 판결을 구합니다.

청 구 원 인

1. 원고는 소외 ◉◉◉로부터 피고와 소외 ◉◉◉의 공동소유인 별지목록
   기재 부동산에 대한 소외 ◉◉◉의 2분의 1 지분을, 귀원 2000타경0000
   부동산강제경매로 매수하였으며, 2000. 00. 00. 이를 원인으로 한 위 지
   분에 대한 소유권이전등기를 마친 사실이 있습니다.

2. 원고는 재정사정의 악화로 인하여 피고에게 위 부동산을 현물로 분할
   하든지 또는 위 부동산을 매각하여 그 대금을 분할할 것을 청구하였으
   나 피고는 분할금지의 약정 등이 없음에도 불구하고 이에 반대하고 있
   습니다.

3. 따라서 원고는 별지도면 표시와 같은 분할과 그와 같은 현물분할이 불
   가능한 경우에는 대금으로 분할할 것을 청구하고자 이 사건 소를 제기
   하게 되었습니다.

입 증 방 법

1. 갑 제1호증   부동산등기사항증명서
1. 갑 제2호증   토지대장등본
1. 갑 제3호증   지적도등본
1. 갑 제4호증   현황측량도

첨 부 서 류

1. 위 입증방법   각 1통
1. 소장부본   1통
1. 송달료납부서   1통

2000. 00. 00.

위 원고   ○○○   (서명 또는 날인)

○○지방법원 귀중

[별 지]

부동산의 표시

○○시 ○○구 ○○동 ○○-○○ 대 ○○○.○㎡. 끝.

[별 지]

도 면

(○○시 ○○구 ○○동 ○○-○○ 대 ○○○.○㎡)

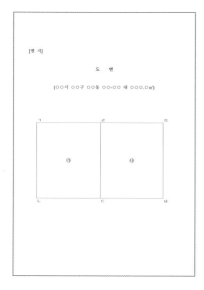

Chapter 04

법정지상권
여지 있는 물건

다음은 법정지상권이 성립할 여지가 있는 물건이다. 그러면 지상권, 법정지상권, 관습법상의 법정지상권에 대해서 살펴보자.

먼저 지상권이란 타인의 토지에 건물, 기타의 공작물이나 수목을 소유하기 위해 그 토지를 사용할 수 있는 물권이다. 예를 들자면, 손오공 소유의 땅에 사오정이 건물을 지을 요량으로, 토지 사용 계약을 하며 지상권을 설정하고 그 땅에 건물을 신축한 경우에 발생한다. 이때 손오공을 '지상권 설정자'라 하고 사오정을 '지상권자'라 하며, 지상권은 물권이기에 지상권자인 사오정은 지상권을 양도하거나 그 존속기간 내에서 그 토지를 임대할 수 있고, 지상권에 저당권을 설정할 수도 있다. 그리고 지상권의 존속기간은 석조·석회조·연와조 또는 이와 유사한 견고한 건물이나 수목의 소

소재지	(317-79) 충청남도 당진시 우두동 ▩▩ [도로명주소] 충청남도 당진시 어리로 ▩▩▩(우두동)				
현황용도	대지	채권자	▩▩앤씨	감정가	52,675,000원
토지면적	301㎡ (91.05평)	채무자	김▩수	최저가	(70%) 36,873,000원
건물면적		소유자	김▩수	보증금	(10%) 3,688,000원
제시외		매각대상	토지만매각	청구금액	83,168,629원
입찰방법	기일입찰	배당종기일	2015-11-11	개시결정	2015-09-04

기일현황 ⊙ 입찰15일전

회차	매각기일	최저매각금액	결과
신건	2016-02-16	52,675,000원	유찰
2차	**2016-03-22**	**36,873,000원**	

모의입찰가	0 원	입력	?

🔲 물건현황/토지이용계획

어리마을 북서측 인근에 위치

주위는 전·답 등의 농경지 마을야산 단독주택 등 형성된 도심주변 농촌지대

인근까지 차량의 접근이 가능 인근에 버스정류장 및 마을도로 소재 제반 교통상황은 보통

부정형의 토지

북서측 경계 일부 포함해 폭 약 2미터 내외의 비포장도로가 소재함

배수구역

자연녹지지역(우두동 ▩▩)

※ 감정평가서상 제시외건물가격이 명시 되어 있지않음, 입찰시 확인요함.

🔲 토지이용계획/공시지가
🔲 부동산정보 통합열람
🔲 감정평가서

🔲 감정평가현황 (주)쌔브감정

가격시점	2015-09-21
감정가	52,675,000원
토지	(100%) 52,675,000원

🔲 면적(단위:㎡)

[토지]
우두동 9▩
대지 301 (91.05평)

[제시외]
수목 미상
면적 제외

주택 미상
면적 제외

창고 미상
면적 제외

🔲 임차인/대항력여부

배당종기일 : 2015-11-11

- 매각물건명세서상 조사된 임차내역이 없습니다

🔲 매각물건명세서
🔲 예상배당표

🔲 등기부현황/소멸여부

소유권	이전
1988-09-30	토지
김▩수	
매매	

(근)저당	토지소멸기준
1998-02-20	토지
황▩관	
50,000,000원	

가압류	소멸
1999-12-07	토지
부림저축은행	
30,000,000원	

가압류	소멸
2006-08-02	토지
한중저축은행의파산관재인	
예금보험공사	
33,777,153원	

가처분(근저당)	소멸기준
2014-02-04	토지
케이▩	
근저당권가처분	
가처분등기보기	

압류	소멸
2015-06-17	토지
당진시	
(세무과-3980)	

강제경매	소멸
2015-09-04	토지
케이▩	
청구 : 83,168,629원	
2015타경10▩▩	

▷ 채권총액 :
113,777,153원

🔲 등기부등본열람
토지열람 : 2015-09-15

명세서 요약사항 ▶ 최선순위 설정일자 1998.2.20.근저당권

매각으로 소멸되지 않는 등기부권리	해당사항 없음
매각으로 설정된 것으로 보는 지상권	해당사항 없음
주의사항 / 법원문건접수 요약	타인소유의 제시외 건물 및 수목 매각 제외(법정지상권 성립 여지 있음)

유를 목적으로 하는 때에는 30년, 기타의 건물은 15년, 건물 이외의 공작물인 경우에는 5년이다. 이보다 단축한 기간을 정한 때에는 앞에서 언급한 기간까지 연장하며, 계약으로 존속기간을 정하지 아니한 때에는 최단존속기간 이상으로 한다.

다음으로 법정지상권이란 당사자의 계약에 의하지 않고 법률의 규정에 의해 당연히 성립하는 지상권을 말한다. 앞에서 살펴본 지상권의 경우 손오공과 사오정의 계약에 의해 설정되었으나, 법정지상권은 지상권과 관련된 계약을 체결하지 않더라도 법률 규정에 의해 당연히 성립하게 되는 것을 말한다. 쉽게 설명하자면, 손오공 소유의 땅에 어떤 이유로 사오정의 건물이 있을 경우 사오정은 손오공의 땅을 사용하기로 계약하지 않았더라도 법률의 규정에 의해 건물을 철거하지 않고 소유 및 사용할 수 있는 권리를 말한다.

토지와 그 지상의 건물이 동일 소유자에게 속할 때 법정지상권이 성립하는 경우(입목은 제외 하고 건물만)는 다음과 같다.

① 건물에 대해서만 전세권을 설정한 후 토지소유자가 변경된 경우('민법' 제305조 제1항)
② 어느 한쪽에만 저당권이 설정된 후 저당권의 실행으로 경매로 매각되어 토지와 건물이 소유자가 다르게 된 경우('민법' 제366조)
③ 토지 또는 건물의 한쪽에만 가등기담보권, 양도담보권, 매도담보권이 설정된 후 이들 담보권의 실행, 즉 귀속청산으로 토지와 건물의 소유자가 다르게 된 경우('가등기담보등에 관한법률' 제10조)

이런 경우 법정지상권이 성립하게 되는 이유는 토지 소유자인 손오공이 건물을 철거하게 된다면 건물의 소유자인 사오정은 물론 사회·경제적·국가적 차원에서도 큰 손실이라 할 수 있으므로 법률은 토지 소유자와 건물 소유자의 계약이 없더라도 자동으로 지상권이 성립하게끔 하고 있다. 또한 토지 소유자인 손오공의 손해를 방지하기 위해 지료는 당사자의 청구에 의해 법원(法院)이 정하도록 한 조문('민법' 제366조)도 구비했다.

> **'민법'**
>
> **제366조(법정지상권)**
> 저당물의 경매로 인하여 토지와 그 지상건물이 다른 소유자에 속한 경우에는 토지소유자는 건물소유자에 대하여 지상권을 설정한 것으로 본다. 그러나 지료는 당사자의 청구에 의하여 법원이 이를 정한다.

마지막으로 관습법상의 법정지상권이란 법률이 규정한 요건을 갖추지 않았다 할지라도, 동일인에게 속했던 토지와 건물 중 어느 일방이 매매·증여·경매 등 일정한 원인으로 각각 소유자를 달리하게 되었을 경우 그 건물을 철거한다는 특약이 없으면 건물 소유자가 당연히 취득하게 되는 법정지상권을 말한다. 이는 지상권 또는 법정지상권과는 다르게 법률이 아닌 판례에 의해 인정된 법정지상권이다.

관습법상 법정지상권의 성립요건 3가지
① 처분 당시 토지와 건물의 소유권이 동일인에게 속해야 하고,
② 매매 기타의 원인으로 소유자가 달라져야 하며,
③ 당사자 사이에 건물을 철거한다는 특약이 없어야 한다.

관습법상의 법정지상권이 성립한 물건의 토지를 경매로 매수한 경우 지상권자와 협의해 지상권자로부터 지상 건물을 낮은 가격으로 매입하거나, 반대로 토지를 비싼 가격으로 되파는 방법이 있고, 건물을 매수한 경우 일정부분의 지료만 납부해도 토지의 소유권 없이 30년간 건물을 소유해 임대료 상당의 수익을 얻을 수 있다. 하지만 초보 투자자라면 가급적 건물의 투자는 피하는 것이 좋다. 토지는 성립요건을 따지지 않기에 리스크가 없으나, 만약 법정지상권이 성립한다고 판단해 낙찰받은 건물이 법정지상권이 성립하지 않아 철거를 해야 된다면 크나큰 손실을 입게 된다.

그리고 토지를 매수한 경우 건물 소유자가 지료를 연체한다면, 건물 등 철거소송의 진행이 가능한데, 승소한다면 건물 소유자로부터 헐값에 건물을 사들여 큰 수익을 얻을 수 있다.

Chapter 05

전세권만
매각하는 물건

　다음은 부동산을 매각하는 것이 아니라 전세권만을 매각하는 경우다. 채무자겸 소유자는 부동산의 소유자가 아닌 전세권의 소유자, 즉 임차인이다. 그런데 어떻게 부동산이 아닌 전세권만 매각되는 것일까? 전세권이 물권이기 때문에 가능한 일이다. 흔히 말하는 전세란 채권적 전세, 즉 임대차를 말하지만 여기서의 전세권은 물권적 전세, 즉 등기사항전부증명서에 등기된 전세권이기에 매각이 가능한 것이다.

　전세권의 특징은 다음과 같다. 첫째, 임대차계약 종료 전 전출하더라도 등기 순위에 따라 보호를 받을 수 있다. 둘째, 임대인의 동의 없이 전전세가 가능하다. 셋째, 임대인의 동의 없이 전세권을 담보로 대출받을 수 있고, 전세권에 질권 설정도 가능하다. 넷째, 임

| 소재지 | (344-14) **대전광역시 대덕구 비래동** ▮▮-▮▮ **우정빌라 디동 4층 4**▮▮**호** |||||
| | [도로명주소] 대전광역시 대덕구 우암동로 ▮▮▮(비래동) |||||

현황용도	다세대(빌라)	채권자	이▮숙	감정가	45,000,000원
대지권	20,85㎡ (6.31평)	채무자	김▮자	최저가	(49%) 22,050,000원
전용면적	37.07㎡ (11.21평)	소유자	김▮례	보증금	(10%)2,205,000원
사건접수	2012-07-23	매각대상	전세권매각	청구금액	22,000,000원
입찰방법	기일입찰	배당종기일	2012-10-22	개시결정	2012-07-24

기열현황

회차	매각기일	최저매각금액	결과
신건	2012-12-10	45,000,000원	유찰
2차	2013-01-21	31,500,000원	유찰
3차	2013-03-04	22,050,000원	매각

김▮숙/입찰3명/낙찰28,000,000원(62%)

| | 2013-03-11 | 매각결정기일 | 허가 |
| | 2013-04-09 | 대금지급기한 | 납부 |

배당종결된 사건입니다.

🄹 물건현황/토지이용계획

비래초등학교 남동측 인근에 위치

주위는 아파트단지 단독주택 다세대주택 등이 혼재

인근에 버스정류장이 소재

남서측 폭 약 8M의 도로에 접함

제1종일반주거지역

위생 및 급배수설비 온수보일러에 의한 난방설비 등

철근콘크리트조

전세권에 대한 경매임.
※ 위 부동산에 설정된 전세권에 대한 경매임
전세권의 표시 : 대전지방법원 대덕등기소 2011. 7. 20. 접수 제17470호 전세금:
40,000,000원 범 위 : 건물의 전부 존속기간:
2011.04.26.부터 2014.04.26.까지

🔲 **토지이용계획/공시지가**

🔲 **부동산정보 통합열람**

🔲 **감정평가서**

🄹 감정평가현황 (주)하나감정

가격시점	2012-08-20	
감정가	45,000,000원	
토지	(35%) 15,750,000원	
건물	(65%) 29,250,000원	

🄹 면적(단위:㎡)

[대지권]

비래동 ▮▮▮
426.4㎡ 분의 20,85㎡
대지권 20,85㎡ (6.31평)

[건물]

비래동 115-44
디동
4층4▮▮호 다세대
37,07㎡ 전용
(11,21평)
4층 건중 4층

보존등기일 : 1992-04-24

🔲 **건축물대장**

🄹 임차인/대항력여부

배당종기일 : 2012-10-22

김▮자
전입 : 2011-07-18
확정 : 없음
배당 : 없음
보증 : 40,000,000원
점유 : 전부
채무자

없음

🔲 **매각물건명세서**

🔲 **예상배당표**

🄹 등기부현황/소멸여부

소유권	이전
2011-01-28	집합
엄▮자	
(거래가) 47,500,000원	
매매	

(근)저당	보존
2011-01-28	집합
홍도동새마을금고	
26,000,000원	

소유권	이전
2011-03-30	집합
김▮례	
(거래가) 56,000,000원	
매매	

전세권	소멸
2011-07-20	집합
김▮자	
40,000,000원	
채무자	

전세권(근)저당	소멸
2011-07-22	집합
이▮숙	
28,000,000원	

배당금 : 26,954,200원
미배당 : 1,045,800원
일부배당(미배당금 소멸예상)

임의경매(전세권)	소멸
2012-07-26	집합
이▮숙	
청구 : 22,000,000원	
2012타경16▮▮▮(배당종결)	

▷ 채권총액 :
94,000,000원

🔲 **등기부등본열람**

건물열람 : 2012-08-08

명세서 요약사항 ▸ 최선순위 설정일자 2012.07.26. 압류

매각으로 소멸되지 않는 등기부권리	해당사항 없음
매각으로 설정된 것으로 보는 지상권	해당사항 없음
주의사항 / 법원문건접수 요약	

대인이 보증금을 반환하지 않는 경우 별도의 집행권원이 없더라도 경매를 신청할 수 있다.

이 물건의 전세보증금은 45,000,000원인데, 낙찰금액은 28,000,000원이다. 전세권 존속기간까지 약 12개월가량 남은 시점에서 잔금을 납부했기에, 낙찰자가 전세권 존속기간이 만료 후 임대인에게 보증금을 반환받는다면 12개월에 17,000,000원의 수익을 얻게 된다. 그러므로 연 수익률은 37.7%로 높은 편이 된다.

이처럼 전세권만 매각하는 물건은 절대로 손해볼 염려가 없으며, 거기다 더해 양도세로부터 자유롭기에 다소 경쟁이 치열하다. 단 전세권의 존속기간에 따라 짧게는 몇 개월, 길게는 1년 동안 투자금이 묶일 수 있으니 이 점은 사전에 감안해야 한다. 다시 한 번 강조하지만 전세권의 매각이란 부동산을 매각하는 것이 아니라 전세권자의 권리를 승계하는 것이기 때문에 부동산의 소유권처럼 가격이 오를 일이 없으므로 무조건 전세권 금액보다 낮은 금액으로 매수해야 한다.

Chapter 06

소액 투자의 꽃,
무피투자!

무피투자가 가능했던 물건

자기 자본 없이 부동산을 취득하는 방법이 있다. 자기 자본은커녕 오히려 돈이 더 생기기까지 한다. 허황된 얘기처럼 들릴 수도 있지만 이는 흔히들 '무피투자'라고 불리는 투자의 한 방법이다.

앞의 물건을 토대로 예를 들어보자. 필자가 앞의 물건에 투자하게 된 이유는 우이경전철 때문이다. 멋진 자연경관 등 우이동의 장점은 이루 말할 수가 없지만, 한 가지 단점이 있다. 바로 교통이다. 그런데 우이경전철이 개통된다면 1호선, 2호선 환승역인 신설동역까지 소요 시간이 기존 50분대에서 20분대로 약 30분 단축된다. 필자가 늘 강조하지만 부동산은 개발계획이 발표되었을 때, 개발

소재지	(010-02) 서울특별시 강북구 우이동 ■■■ ■■ 오성빌라A 2층 2■■호				
	[도로명주소] 서울특별시 강북구 삼양로169길 ■■■ 오성빌라A 2층 2■■호				
현황용도	다세대(빌라)	채권자	농업협동조합자산관리회사	감정가	113,000,000원
대지권	19.44㎡ (5.88평)	채무자	조■순	최저가	(80%) 90,400,000원
전용면적	40.39㎡ (12.22평)	소유자	조■순	보증금	(10%)9,040,000원
사건접수	2013-10-01	매각대상	토지/건물일괄매각	청구금액	54,150,622원
입찰방법	기일입찰	배당종기일	2013-12-13	개시결정	2013-10-02

기일현황

회차	매각기일	최저매각금액	결과
신건	2014-03-03	113,000,000원	유찰
2차	2014-04-07	90,400,000원	매각

임■연/입찰1명/낙찰91,538,000원(81%)

2014-04-14	매각결정기일	허가
2014-05-21	대금지급기한	납부
2014-06-12	배당기일	완료

배당종결된 사건입니다.

본건

🏠 물건현황/토지이용계획

서라벌중학교 북동측 근거리에 위치

부근은 다세대주택 단독주택 등이 혼재한 주택지대

인근에 타지역 연계되는 일반버스정류장이 위치

북동측 및 북서측 노폭 약 6M 포장도로에 각각 접함

제1종일반주거지역

이용상태(방2 주방 거실 화장실 발코니2 현관)

도시가스에 의한 난방구조

철근콘크리트조

🔲 **토지이용계획/공시지가**
🔲 **부동산정보 통합열람**
🔲 **감정평가서**

🏠 감정평가현황 (주)삼창감정

가격시점	2013-10-08	
감정가		113,000,000원
토지	(35%)	39,550,000원
건물	(65%)	73,450,000원

🏠 면적(단위:㎡)

[대지권]

우이동 ■■■ ■■
271㎡ 분의 19.44㎡
대지권 19.44㎡ (5.88평)

[건물]

우이동 ■■■ ■■
2층 2■■호 다세대
40.39㎡ 전용
(12.22평)
4층 건중 2층

보존등기일 : 1996-01-18

🔲 **건축물대장**

🏠 임차인/대항력여부

배당종기일: 2013-12-13

이■화 없음

전입 : 2008-11-06
확정 : 2011-06-02
배당 : 2013-12-03
보증 : 45,000,000원
차임 : 200,000원
점유 : 전부(방2칸)
배당금 : 29,657,600원
미배당 : 15,342,400원
일부배당(미배당금 소멸예상)

이■영 없음

전입 : 2011-01-28
확정 : 없음
배당 : 없음
보증 : 45,000,000원
차임 : 200,000원
점유 : 2■■호 전체
이■화:이■영의 자매임

▶ 보증금합계
  45,000,000원
▶ 월세합계
  200,000원

🔲 **매각물건명세서**
🔲 **예상배당표**

- 이■화 : 이■영의 자매임.

🏠 등기부현황/소멸여부

소유권	이전
1996-09-11	집합
윤■옥	
매매	

소유권	이전
2008-05-06	집합
조■순	
(거래가) 140,000,000원	

(근)저당	소멸기준
2008-05-06	
농업협동조합자산관리회사	
60,000,000원	

임의경매	소멸
2013-10-02	집합
농업협동조합자산관리회사	
청구 : 54,150,622원	
2013타경24■■배당종결]	

▷ 채권총액 :
  60,000,000원

🔲 **등기부등본열람**

건물열람 : 2013-10-04

명세서 요약사항 ▶ 최선순위 설정일자 2008.5.6.근저당권

매각으로 소멸되지 않는 등기부권리	해당사항 없음
매각으로 설정된 것으로 보는 지상권	해당사항 없음
주의사항 / 법원문건접수 요약	

부동산종합공부 요약

대지면적 271㎡

대지면적	271㎡	연면적	629.11㎡	건축면적	162.21㎡	용적율연면적	485.76㎡
건폐율	59.86%	용적율	179.25%	총호수	13세대.호/0가구	주용도	다세대주택
허가일	1995-04-03	착공일	1995-04-11	사용승인일	1996-01-15		
지번	165 - 30	지목/면적	대 (271㎡)	공시지가	기준일 : 2015-01-01 ▶ 1,744,000원 / ㎡		

* 도시지역 * 제1종일반주거지역 * 최고고도지구 * 소로3류 * 가축사육제한구역 * 대공방어협조구역 * 과밀억제권역

에 착수했을 때, 개발이 완료되었을 때 등 총 3번 가격이 상승한다. 필자가 앞의 물건에 입찰했을 때는 개발에 착수했을 때다.

우이경전철 노선도

지도출처 : 네이버

임장 결과 비슷한 크기의 빌라들이 대략 1억 2천만 원 가량에 거래가 이루어졌다. 인근 물건의 낙찰 사례를 확인한 결과 3회차까지 유찰 후 2회차 가격을 상회하는 금액으로 낙찰되는 경우가 빈번했기에, 2회차에서 입찰키로 결정했다. 단독 입찰을 예상했지만, 혹시 모를 경쟁자에 대비하기 위해 최저가격에서 100만 원을 더 써냈는데 결과는 다행히 단독입찰로 낙찰되었다. 보증금을 일정부분 반환받지 못하는 임차인이기에 명도에 다소 시간이 걸리긴 했지만, 배당받는 보증금이 2천만 원이나 되기에 별도의 이사비 없이 무혈입성이 가능했다. 물론 아파트가 아니기에 체납관리비 또한 없었다.

당시 사용한 대출은 낙찰가 대비 70%의 금액으로 금리는 3% 중반이었다. 실제 투자금은 취득세, 도배비용 등을 포함해 약 2,900만 원이 지출되었다. 기존임차인의 계약조건은 보증금 4,500만 원에 월세 20만 원이었는데, 이는 2008년의 시세였고 월세는 상당히 올라 있었다. 필자는 대출을 활용했기에 전세로 임대차계약 체결이 불가능해 월세로 임차인을 구했는데, 명도 후 불과 10여일 만에 임대차계약을 체결할 수 있었다.

그후 보증금 3,000만 원에 월세 30만 원으로 임대차계약을 체결했다. 은행이자가 월 18만 원가량 하니 은행이자를 제하고도 월 12만 원의 현금이 생긴다. 그뿐만이 아니다. 필자가 투자한 자금이 2,900만 원이었는데 3,000만 원의 보증금을 받고나니 오히려 100만 원이 남았다. 임대차계약을 체결하는 시점에 필자의 초기 투자자금이 모두 회수되었음은 물론 오히려 100만 원의 현금이 생기고 매월 12만 원의 캐쉬플로우(Cash Flow)까지 생기게 되었다.

그런데 여기서 한 가지 의문점을 가질 것이다. 채권최고액 8,300

만 원의 근저당이 설정(실제 대출금은 6,400만 원이다)된 부동산에 대체 어떤 바보가 임대차계약을 체결하는지… 바보처럼 보일 수도 있는 이들이 근저당설정이 되어 있는 부동산에 임대차계약을 체결함에도 바보가 아닌 이유는 바로 '주택임대차보호법' 때문이다.

'주택임대차보호법'

제8조(보증금 중 일정액의 보호)

① 임차인은 보증금 중 일정액을 다른 담보물권자(擔保物權者)보다 우선하여 변제받을 권리가 있다. 이 경우 임차인은 주택에 대한 경매 신청의 등기 전에 제3조제1항의 요건을 갖추어야 한다.

② 제1항의 경우에는 제3조의2제4항부터 제6항까지의 규정을 준용한다.

③ 제1항에 따라 우선변제를 받을 임차인 및 보증금 중 일정액의 범위와 기준은 제8조의2에 따른 주택임대차위원회의 심의를 거쳐 대통령령으로 정한다. 다만, 보증금 중 일정액의 범위와 기준은 주택가액(대지의 가액을 포함한다)의 2분의 1을 넘지 못한다.〈개정 2009.5.8.〉

앞의 법률을 풀어 설명하자면 임차인이 경매 신청의 등기 전 대항력, 즉 주택의 인도와 주민등록을 마친 때에는 그 다음 날부터 보증금 중 일정액을 다른 담보물권자보다 우선해 변제받을 권리가 있다는 것이다. 단 일정액의 범위는 대통령령으로 정하는데, 다음의 표와 같다.

임대차 보증금의 우선변제

적용시기	지역	보증금	우선변제
2001년 9월 15일 이후	서울시, 인천시, 수도권 과밀억제권	4,000만 원 이하	1,600만 원 한도
	광역시(인천시, 군지역 제외)	3,500만 원 이하	1,400만 원 한도
	기타지역	3,000만 원 이하	1,200만 원 한도
2008년 8월 21일 이후	서울시, 인천시, 수도권 과밀억제권	6,000만 원 이하	2,000만 원 한도
	광역시(인천시, 군지역 제외)	5,000만 원 이하	1,700만 원 한도
	기타지역	4,000만 원 이하	1,400만 원 한도
2010년 7월 26일 이후	서울시	7,500만 원 이하	2,500만 원 한도
	수도권 과밀억제권(서울시 제외)	6,500만 원 이하	2,200만 원 한도
	광역시(인천시, 군지역 제외), 안산시, 용인시, 김포시, 광주시	5,500만 원 이하	1,900만 원 한도
	기타지역	4,000만 원 이하	1,400만 원 한도
2014년 1월 1일 이후	서울시	9,500만 원 이하	3,200만 원 한도
	수도권 과밀억제권(서울시 제외)	8,000만 원 이하	2,700만 원 한도
	광역시(인천시, 군지역 제외), 안산시, 용인시, 김포시, 광주시	6,000만 원 이하	2,000만 원 한도
	기타지역	4,500만 원 이하	1,500만 원 한도

　필자와 임대차계약을 체결한 임차인을 예로 들어보자. 필자의 대출은 2014년 1월 1일 이후에 실행되었고, 서울시에 위치한 물건이기에 보증금이 9,500만 원 이하라면 임차인은 3,200만 원 한도에서 다른 담보물권자보다 우선해 보증금을 변제받을 권리가 있다. 그래서 필자는 임대차보증금을 3,000만 원으로 임차인을 구했고, 임차인 또한 필자가 대출을 받았더라도 아무런 걱정 없이 필자와 임대차계약을 체결할 수 있었던 것이다. 임대차보호법이 약자

인 임차인을 위한 법률이더라도, 조금만 발상을 전환하면 필자와 같은 임대인을 위한 법률이 될 수도 있는 것이다.

Part 04

수익형
부동산으로
제2의
연금을 받자

Chapter 01

쉽지 않은 연봉 협상,
수익형 부동산으로 끝내라

매년 연말이면 직장인들은 다음 연도의 연봉협상을 준비하느라 정신이 없다. 올해 실적을 정리하는 등 자신의 값어치를 더욱더 부각시켜 다음 연도에 보다 높은 연봉을 받으려 노력한다. 만약 회사가 마음에 들지 않는 연봉을 제시한다면, 마음에 드는 연봉을 제시받을 때까지 근로계약서에 사인을 하지 않을 것이라고 굳은 다짐까지 한다.

하지만 현실은 어떠한가? 내가 받고자 하는 연봉을 제시하다가 행여 상부에 찍히지 않을까 전전긍긍하며, 팀장님이 내민 근로계약서의 연봉이 마음에 들건, 마음에 들지 않건 묵묵히 사인을 하면 그만이다. 원하는 연봉을 제시받을 때까지 근로계약서에 사인을 하지 않겠다는 '굳은 다짐'은 어느새 '짧은 다짐'으로 변해버렸다.

그래서 연봉협상 시즌이면 힘들게 끊었던 담배를 다시 찾는 직장인들을 주위에서 심심찮게 볼 수 있다.

이와 같은 연봉협상의 현실에 많은 이들이 공감할 거다. 내가 회사에 기여하는 바가 얼마나 큰데, 왜 조직은 나의 가치를 알아주지 못하는 것인지, 억울하고 답답한 마음뿐이다. 그런데 주위를 돌아보면 직장동료들의 표정이 모두 좋지 않다. 그네들도 나와 똑같은 모양이다. 그래서 다 같이 모여 아무 말 없이 소주 잔만 비우곤 한다. 하지만 걱정하지 마라. 내가 원하는 만큼 연봉을 올릴 수 있는 방법이 있다. 그것은 바로 수익형 부동산이다.

수익형 부동산으로 얼마든지 캐쉬-플로우(Cash-Flow), 아니 엄밀히 말하면 캐쉬-인플로우(Cash-Inflow)를 만들 수 있다. 5,000만 원짜리 수익형 부동산을 경매로 매수한다고 가정해보자. 금리에 따라 다르지만 보통 매수금 대비 70~80%의 대출을 활용할 수 있다. 70%의 경락잔금대출 상품을 사용한다고 가정했을 때, 실제 투자되는 비용은 30%에 불과하다(간단한 계산을 위해 1%의 취득세 등은 생략하겠다). 즉 5,000만 원짜리 수익형 부동산을 경매로 매수할 경우 투자자금은 1,500만 원이면 족하다.

경락잔금대출의 금리가 年 3.5%라고 가정했을 때, 3,500만 원에 대한 이자는 年 122만 원이다. 즉 月 이자는 10만 원에 불과하다. 그런데 만약 보증금 500만 원에 월세 40만 원을 받는 임대차계약을 체결한다면, 매월 받는 월세에서 약 10만 원의 이자를 지불하더라도 30만 원의 캐쉬-인플로우가 생긴다. 즉 1년이면 360만 원의 연봉이 오르는 것이다.

수익률을 계산해보자. 내 투자자금은 1,500만 원이었다. 하지만 임대차보증금으로 500만 원이 회수되었다. 즉 임대차계약을 체결하는 시점에서 실제 투자자금은 1,000만 원에 불과하다. 하지만 1년 간 얻을 수 있는 임대소득은 360만 원이다. 간단하게 계산하더라도 36%의 수익률이다. 지금과 같은 저금리 시대에 36%나 되는 수익률이 대체 어디 있단 말인가? 거기다 시세가 오르기라도 한다면 수익률은 더욱더 커질 것이다. 물론 높은 리스크가 존재하는 투자방법 중에 이와 비슷한 수익률을 얻을 수 있는 투자방법이 있겠지만 그들은 큰 위험요소가 많다. 그에 비해 제대로 만난 수익형 부동산은 리스크가 거의 제로라고 해도 과언이 아니다.

이처럼 수익형 부동산 한 채면 연봉 360만 원을 얼마든지 높일 수 있다. 10채면 3,600만 원이고, 20채면 7,200만 원이다. 불가능할 것 같지만 얼마든지 가능한 숫자다. 처음 2~3채를 모으기가 힘들어서 그렇지 3채 이상의 수익형 부동산을 보유하면 돈이 돈을 벌어준다. 회원 중에는 단 몇 년 만에 30채의 수익형 부동산을 보유한 이들도 수두룩하다. 30채의 수익형 부동산을 보유할 경우, 한 달이 30일이기에 365일 월세를 받을 수 있게 된다. 상상만 해도 아찔하지 않은가? 만약 여러분들이 30채의 수익형 부동산을 보유하게 된다면, 아침 일찍 일어나 러시아워의 만원전철에 시달리지 않아도 되고, 괴롭히는 선배들, 치고 올라오는 후배들로부터 해방될 수 있다.

하지만 요즘 5,000만 원짜리 수익형 부동산이 많을 것 같지도 않고 있다 하더라도 한 채에 1,000만 원의 투자자금이 들어가는데, 30채를 보유하려면 3억 원의 투자자금이 필요하다며 지레 포기하는 이들도 있을 것이다. 그러나 조금만 발품을 팔고 발상의 전환을 하면 5,000만 원에 매수할 수 있는 수익형 부동산은 아직도 얼마든지 존재한다. 그리고 앞서 말한 바와 같이 처음 2~3채의 수익형 부동산을 모으기 힘들어서 그렇지 3채 이상만 보유하면 돈이 돈을 벌어주는 캐쉬-인플로우가 구축된다.

필자의 예를 들어보자. 수차례 강조했지만 초창기의 필자도 여러분과 똑같은 흙수저 직장인에 불과했다. 하지만 투자자금을 만드는 방법은 비교적 간단했다. 수익형 부동산을 한 채 보유할 때마다 예금통장과 적금통장을 개설했다. 새로 만든 예금통장으로 월세가 들어오게 했고, 다시 이자가 빠지게 만들어뒀다. 월세에서 이자를 뺀 나머지 금액은 예금통장과 연동된 1년 만기 적금통장으로 자동이체를 신청했다. 그리고 가장 중요한 것으로 예금통장과 적금통장을 보유하고 있다는 사실을 기억에서 지워버린다. 아무리 힘든 일이 있더라도 예금통장과 적금통장의 돈을 건드리지 않기 위해서다.

1년이 흐르면 한 채당 360만 원의 투자자금이 생긴다. 두 채면 720만 원이다. 부업을 하건 주말에 아르바이트를 하건 아니면 급여에서 모은 돈을 조금 보태면 다시 한 채의 수익형 부동산에 투자할 수 있는 투자자금이 만들어진다. 여러분들도 이와 같은 방법을 사용한다면 처음 2~3채의 수익형 부동산을 만들기가 힘들어서 그렇지 어느 순간부터 돈이 돈을 벌어준다는 말을 몸소 체험하게 될 것이다. 특히 2~3년 후 가격이 상승한 부동산을 매도하면 목돈의 투자자금이 들어온다. 그뿐만이 아니다. Part 03에서 살펴본 무피 투자를 적절히 활용한다면 30채의 수익형 부동산을 보유하는 것은 얼마든지 가능하다.

자, 이제 현실적인 포트폴리오를 작성하자. 중간이 없는 산행은 존재하지 않는다. 단번에 수십억 원, 수백억 원의 부자가 될 수는 없다. 하지만 오백만 원이 천만 원이 되고, 천만 원이 오천만 원이 되고, 오천만 원이 1억 원이 되는 과정을 즐기다 보면 여러분도 자연스레 수십억 원 아니 수백억 원의 부자가 될 수 있다. 지금 내가 가진 투자자금이 소액이라도 전혀 절망할 필요가 없다. 지금 볼품 없는 현실을 인정하고, 발품을 팔아라. 신문은 물론이고, 통계청과 지역소식을 모두 확인하는 습관도 가져야 한다. 그다음 수익률을 정해 한 걸음 한걸음 정상을 향해 올라가면 된다.

대박 Point ⊙

▶ 연령별 부동산 투자법

20~30대

투자금이 충분치 않은 청년들은 토지 경매로 투자를 시작해보자. 단, 다음번 투자를 위한 더 많은 목돈 마련을 위해, 꾸준한 수익성보다는 시세차익에 주목해야 한다.

40~50대

사회적으로 안정적이나 큰돈이 나가는 일이 많은 시기로, 토지와 수익형 부동산을 분배해 투자하는 것이 좋다. 원룸 등 수익형 부동산에서 꾸준히 발생되는 월세 수익과 목돈을 만들어 주는 토지의 시세차익은 노년의 삶을 더욱더 윤택하게 해줄 것이다.

60대 이후

자녀들을 위한 투자가 아닌 이상 매월 생기는 월세 수익으로 남은 여생 자식 눈치 보지 않고 즐기는 인생을 살 수 있도록 다가구주택, 상가, 소형 빌딩에 투자해 매월 수익을 받는 것이 좋다. 이들은 수익형 부동산 보다 큰 수익을 얻을 수 있다.

Chapter 02

수익형 부동산!
이렇게 접근해라

1. 뭐니뭐니 해도 주택이 머니가 된다!

수익형 부동산에 대한 관심이 높아지자 주택이나 상가, 오피스텔, 호텔분양에 대한 문의를 많이 받고 있는데, 필자는 수익형 부동산의 투자 시 가장 좋은 분야는 주택이라고 생각한다. 그 이유는 회사의 사무실로 쓰이는 오피스텔이나 관광산업, 비즈니스 등과 연계되어 있는 호텔 투자보다는 투자대상으로 비교적 주택이 안정적이다. 이는 의식주 중 하나인 주택은 삶을 살아감에 있어 필수 사항이기 때문이다.

주택이 최고의 투자 방법인 다른 이유는 세금 때문이기도 하다. 주택과 오피스텔을 비교해보자. 주택의 취득세는 1.1%로 비교적 상당히 낮은 편이다. 2013년 '세법'의 개정으로 다주택자도 같은 취득세를 적용받는다. 하지만 오피스텔의 경우 취득세가 4.6%로 주택보다 4배 높은 세금을 부담해야 한다. 게다가 부가세라도 내게 되면 취득 시 들어가는 세금으로 몇 년 치 임대수익을 깎아먹게 된다.

오피스텔보다 주택을 택하는 이유에는 대지 지분에도 있다. 건물은 세월이 흐르면 감가상각으로 가치가 하락하는 특징을 가지고 있다. 이런 특성에 부동산의 가격이 상승하는 이유는 건물이 아닌 토지에 있다. 그런데 같은 면적의 주택과 오피스텔을 비교해보라. 같은 토지 위 주택의 대지지분 대비 오피스텔의 대지지분이 20% 미만임을 확인할 수 있을 것이다. 이는 오피스텔이 좁은 면적의 많은 세대가 들어가기 때문이다. 그렇기에 감가상각의 법칙에 의거 오피스텔이 노후화 된다면 시세차익도 기대할 수가 없다.

그렇다고 무조건 주택만 투자하라는 얘기는 아니다. 돈 되는 오피스텔, 상가 등도 얼마든지 존재한다. 단지 잘 모르는 상가나 호텔부터 시작했다가 낭패 보기 십상이니, 초보 투자자라면 가급적 실패 확률이 적은 주택부터 수익형 부동산 투자를 시작하는 것이 좋다는 얘기다.

2. 수익률이 좋아야 환금성도 좋다

투자에 있어 부동산의 특징은 수익률은 높지만 환금성이 낮다는 것이다. 만약 수익률과 환금성 중 하나만을 택하라고 한다면, 필자는 당연히 환금성을 택할 것이다. 아무리 좋은 수익률이라도, 아무리 시세가 상승하더라도, 팔고 싶을 때 팔지 못하면 못 먹는 감일 뿐이다. 일례로 지인 한 명이 세종시의 알짜배기 토지를 소유하고 있었는데, 급전이 필요해 무리하게 매도를 진행하다 보니 시세보다 30%가량 저렴한 가격에 처분할 수밖에 없었다. 환금성이 나빠 눈물을 머금고 저렴한 가격에 매도한 것이다. 이처럼 환금성은 투자의 중요한 체크리스트다.

수익형 부동산도 마찬가지다. 같은 수익률을 안겨준다 할지라도 출구전략까지 염두에 두고, 추후 찾는 이들이 많아 빠른 매도가 가능한 물건을 공략해야 한다. 예를 들면 같은 아파트라도 중대형보다는 소형을 택해야 한다. 사회적으로 1~2인 가구 비중이 높아지고, 노인 비율 역시 높아지면서 소형 아파트를 선호해, 중대형보다는 소형의 환금성이 높기 때문이다.

여기서 정리해보자면 환금성이 좋다는 말은 수요가 많다는 것이다. 부동산은 취약점의 보완이 가능한 재테크다. 토지 혹은 수익형 부동산에 투자할 때 환금성이 좋은 부동산에 투자하고, 환금성이 높은 부동산으로 가꾸는 것이 중요하다.

3. 수익형 빌라 고르는 노하우

과거 빌라는 서민주택을 대표하는 주거형태였다. 그래서 아파트에 비해 상대적으로 저평가 되기도 했다. 하지만 최근 빌라의 몸값이 상승 중인데 이 역시 전세대란의 여파 중 하나일 것이다. 빌라 가격이 상승하는 중요한 이유는 현재의 빌라는 과거 서민주택이었던 빌라와는 다르게 고급스러워지고, 주거환경 또한 쾌적해져 아파트의 대체 상품으로 각광받고 있기 때문이다. 그래서 빌라 투자가 늘고 있는 것이 최근의 분위기다.

그렇다면 성공적인 빌라 투자를 위해서는 어떻게 접근해야 할까? 첫째, 초등학교 또는 중학교 근처의 빌라를 주목해라. 빌라의 주 수요층은 신혼부부 또는 저학년 자녀를 둔 가정일 것인데, 자녀의 통학을 고려한다면 우선적으로 초등학교나 중학교와 인접한 위치의 빌라를 선택할 것이기 때문이다.

둘째, 주차장의 유무를 살펴봐야 한다. 이제 주차장은 선택이 아닌 필수가 되었다. 특히 젊은 직장인들은 주차장이 없는 주택은 아예 쳐다보지도 않는다. 주차장의 중요성은 더 이상 설명하지 않더라도 모두 공감할 것이다. 주차장의 중요성은 빌라에만 국한되는 것이 아닌 모든 부동산에 해당되는 사항이다.

셋째, 재개발과 재건축 지역 인근의 빌라를 주목해야 한다. 이는 비단 빌라만이 아니라 원룸이나 오피스텔 같은 소형주택도 해당된다. 재개발과 재건축이 이루어짐에 따라 잠시 동안 머물 곳을 찾는 수요자들이 풍부해지는 시기에 빌라에 투자하면 최소 3년 정도는 공실 걱정 없이 임대수익을 얻을 수 있다. 단 재개발과 재건축이 완성되기 직전 빠져나오는 출구전략도 필요하다.

넷째, 투자목적을 분명히 해야 한다는 것이다. 시세차익을 원한다면 고급빌라에 투자하는 것이 좋을 것이고, 임대수익을 원한다면 소형빌라에 투자하는 것이 좋을 것이다. 고급빌라에 투자하는 경우 방배동, 한남동, 평창동을 주목하는 것이 좋다. 높은 수익률을 얻을 수 있는데 우리나라에만 존재하는 전세제도를 활용한다면 의외의 소액으로도 투자가 가능하다.

마지막으로 건물의 상태도 중요하다. 건물의 상태란 건물의 하자 유무, 건물의 연식 등 주거생활의 편의성과 보수를 위한 비용의 발생 여부를 말한다. 오래된 건물의 경우 주차장과 엘리베이터가 존재하지 않아 선호도가 매우 떨어진다. 또, 보수를 위한 예상 외의 지출이 발생되는 경우가 많기 때문에 건물의 상태를 확인 후 투자가 필요하다.

이 외에도 빌라 투자 시에는 경사도를 확인해봐야 한다. 경사지의 빌라는 상대적으로 투자가치가 떨어진다. 이는 교통과도 관계가 있는데 역까지의 거리가 같은 500m라도, 평지에서의 500m와 경사도의 500m는 실제 역까지의 도달 시간에 많은 차이가 있을 것이다. 그래서 경사도의 빌라는 공실률이 높다.

4. 전용면적과 공급면적은 건물 투자의 기본

전용면적, 분양면적, 공급면적 등 초보 투자자들에게는 모두 같은 소리로 들려 다소 헷갈릴 것이다. 하지만 이들의 차이는 매우 중요하다. 예를 들어 같은 면적이더라도 아파트와 빌라의 실제 면적은 큰 차이를 보인다. 이는 같은 분양면적이더라도 아파트의 경우 공용면적이 차지하는 비중이 더 크기 때문이다.

전용면적, 분양면적, 공급면적을 구분하지 못하면 투자 시 사기를 당할 수도 있다. 필자의 후배를 예로 들어보자. 어느 날 필자는 후배의 집들이에 초대를 받았다. 늦장가를 간 후배는 그의 10년간의 노력, 부모님의 도움, 대출이 만든 결실이었다. 첫 집을 장만했다고 자랑하며 집 구경을 시켜줬다.

그런데 전문가인 필자의 눈에는 집의 구조가 좀 이상했다. 신축 빌라임에도 발코니가 없는 것이다. 순간 불안한 생각이 들어 후배에게 면적을 물어보니 $85.9m^2$라고 한다. 분양가를 물어보니 $3.3m^2$당 1,300만 원으로 매수 비용은 3억 3,800만 원이란다. 후배에게 계약서를 가져오라고 한 후 계약서와 등기사항전부증명서를 확인해보니 전용면적은 85.9m^2가 아닌 59.5m^2였다. 발코니를 불법으로 개조해 59.5m^2 면적의 빌라를 85.9m^2 면적의 빌라로 둔갑시켜 분양을 한 것이다.

결과적으로 필자의 후배는 약 1억 400만 원을 사기당한 것이다. 당연히 집들이의 분위기는 싸늘해졌다. 그뿐만이 아니다. 발코니의 불법증축으로 인해 후배의 집은 위반건축물이 되어 매년 2회의 이행강제금을 부담하고 있는 것이었다. 나중에 들은 얘기로는 필자의 후배가 분양을 한 담당자에게 항의 전화를 했더니 자신은 분명히 59.5m^2로 분양을 했고, 그래서 계약서에도 59.5m^2로 명시를 했다며, 한 번 더 전화를 하면 공갈로 고소를 하겠다고 오히려 으름장을 놓았다고 한다.

필자의 후배와 같이 사기를 당하지 않기 위해서는 투자 전 각종 공부와 실제면적을 꼼꼼하게 확인해볼 필요가 있다.

계약면적	전용면적	현관 안쪽의 실제 사용 면적으로 방, 거실, 욕실, 주방 등이 포함된다. 등기사항전부증명서에 기재되는 면적도 전용면적이 기재된다.
	공용면적	계단, 복도, 엘리베이터, 1층 현관 등을 주거용공용면적이라고, 관리사무소, 노인정, 기계실, 지하주차장 등의 면적을 기타공용면적이라고 한다. 공용면적은 건축물관리대장에서 확인이 가능하다.
서비스면적		베란다, 발코니 등의 면적을 말한다.

5. 전세대란! 위기가 아닌 수익형 부동산 투자의 기회다

　부동산 전문가들은 서울을 비롯한 수도권 전세의 고공행진이 당분간 계속 이어질 것이라고 전망한다. 최근 1~2년 사이 주택시장을 대표하는 단어는 전세대란과 전세난민이다. 서민들에게 전세대란은 악몽과도 같겠지만, 부동산 투자자들에게는 오히려 투자의 기회다. 수익형 부동산에 투자하는 경우, 즉 주거용 부동산에 투자한다면 대출대신 전세 보증금으로 레버리지의 활용이 가능하다. 예를 들어 강남에 신혼부부에게 적합한 빌라가 3억 원에 매물로 나온 경우, 전세보증금 2억 5천만 원에 임대차계약을 체결한다면, 소액이라 할 수 있는 5천만 원으로 어엿한 강남의 부동산 소유주가 될 수 있다.

　그러나 전세는 월세처럼 고정적으로 수익이 생기는 것도 아닌데, 대체 무슨 이유로 그런 투자를 해야 되는지 의문이 드는 사람도 있을 것이다. 하지만 만약 그 돈을 은행에 예금하게 된다면 실제 받게 되는 이자는 얼마 되지 않을 것이다. 하지만 같은 돈으로 강남의 부동산에 투자한다면 시세차익을 얻을 수 있다.

　물론 모든 지역에서 시세차익을 얻을 수는 없다. 시세차익을 얻기 위해서는 지역분석이 필요하다. 우선 상권이 활성화 되어 있는 곳이어야 한다. 그리고 상권의 확장 여지가 있다면 더욱 좋다. 상권이 활성화 된다는 것은 사람들이 돈을 쓰러 모여든다는 것이고,

그래서 성장 가능성이 높은 곳이라고 판단해도 된다. 업무단지가 몰려있어 직장인의 임대수요가 높은 곳도 시세차익을 얻을 수 있어 소액 투자처로 제격이다. 그 외 교통이 좋거나, 명문 학군이 몰려 있는 곳은 공실 우려가 적을 뿐만 아니라 발전가능성도 높아 지가 및 주택가격이 상승할 확률이 매우 높다.

명문학군과 유수 대기업들의 집합처, 뻗어나가는 각종 교통망, 점점 커져만 가는 상권 등 이와 같은 조건들이 모두 부합되는 곳은 강남이다. 그래서 그런지 전세대란의 진원지 역시 강남이다. 강남은 앞으로도 꾸준히 지가가 상승할 것이다.

전세를 활용해 투자한 교대역 인근 서초동의 빌라 외관

하지만 강남은 많은 투자자금이 필요할 것이라고 생각해 대부분의 소액 투자자들은 쳐다보지도 않는다. 그러나 아무리 콧대 높은 강남이라하더라도 아직 소액으로도 투자가 가능한 수익형 부동산은 얼마든지 존재한다. 조금만 생각을 바꾼다면 강남의 높은 전세비중을 이용해 얼마든지 소액 투자가 가능하다. 모두가 아니라고 포기할 때 그들과 함께 포기한다면 부자가 될 수 없다. 포기하지 말고 남들과 다른 방법을 찾아내는 것이 부자가 되는 첫걸음이다.

매매	1억 5,000만 원		
전세보증금	1억 2,000만 원	실투자금	3,000만 원
사용면적	23.96㎡	대지면적	12.88㎡
층수	5층/총 6층	구조	원룸
특이사항	- 2013년 7월 준공 건물 - 2호선, 3호선인 교대역 14번 출구까지 도보 3분거리 - 교대까지 도보 2분거리		

법원 및 변호사 사무실로 출퇴근하는 직장인, 교대 학생의 끊임없는 수요로 공실 우려가 적다.

6. 수익형 부동산 분양광고! 자나 깨나 조심하자!

길을 가다보면 '수익형 부동산 1억 원에 5채', '2년간 20% 확정 수익 제공'이라는 현수막 분양광고를 쉽게 찾을 수 있다. 전문가인 필자의 눈에도 달콤하게 다가오는데 비전문가들의 눈에는 어떻게 비춰질지 걱정이다. 필자의 친구 중에도 피해자가 있었다. 강남에서 성형외과를 하는 친구인데, 그의 눈에도 1억 원에 5채라는 현수막이 눈에 띄었다고 한다. 그는 곧바로 현수막에 걸린 전화번호로 통화를 했고, 분양사무실까지 찾아갔다. 결국 달콤한 꾐에 넘어가, 3억 원을 투자했다고 한다.

길에서 쉽게 접할 수 있는 분양광고 현수막

필자의 친구가 투자했던 부동산은 도시형생활주택이다. 도시형 생활주택이란 늘어나는 1~2인 가구의 주거 안정을 위해, 신속하고 저렴하게 주택을 공급할 수 있도록 각종 주택건설 기준과 부대시설 등의 설치 기준을 적용하지 않거나 완화한 주택정책으로 2009년 2월 3일에 개정된 '주택법'에 따라 同年 5월 4일 시행되었다. 다만 '국토의 계획 및 이용에 관한 법률'에서 정한 도시지역에서만 건축이 가능하고, 기반시설이 부족해 난개발이 우려되는 비도시지역은 해당되지 않으며, 1세대당 주거 전용면적 85㎡ 이하인 국민주택 규모의 300세대 미만으로 구성된다.

하지만 현재 도시형생활주택은 당초 취지와 달리 공급과잉 현상을 빚으면서 애물단지로 전락했다. 현재 공급과잉으로 도시형생활주택이 넘쳐나는 상황으로, 몇 해 전 부터 미분양 물량이 넘쳐나는 도시형생활주택은 분양자를 모집하기 위해 저렴한 가격, 고수익 보장, 1~2년 임대수익 보장 등의 허위·과장 광고를 앞세운 현수막을 내걸고 있다.

필자의 친구가 찾아간 분양사무실도 분양면적, 분양가 등의 정보를 제공하기보다는 주위에 보증금 천만 원, 월세 50만 원을 받는 오피스텔도 수요가 많아 공실이 없고, 만약 임대가 안 되면 분양사무실에서 한 채 당 월 50만 원의 임대수익을 1년간 보장한다는 달콤한 말과 수익률만 강조하면서 계약을 종용했다고 한다.

그들의 말과 같이 공실만 되지 않는다면, 한 채당 3,300만 원을 투자할 경우 은행이자 15만 원을 내더라도 월 35만 원의 수입이 보장된다는 계산에, 친구는 그 자리에서 3억 원에 15채를 매수했다고 한다. 하지만 월 525만 원의 월세를 받을 거라는 달콤한 꿈은 잠시였고, 지금 그는 매일 매일 한숨으로 시작해서 한숨으로 끝나는 삶을 살고 있다. 주위에 도시형생활주택이 넘쳐나 대부분 공실일뿐더러, 임대수익을 보장한다던 분양사무실은 지금 연락조차 안 된다고 한다. 서울 소재 의대를 나온 수재가 어떻게 그런 사기를 당했는지 이해가 힘들다. 아무래도 공부하는 머리와 투자로 돈을 버는 머리는 다른가 보다.

도시형생활주택이 무조건 나쁘다는 것이 아니다. 단지 계약 전 해당 지역의 주택보급상황, 인구유입 등을 꼼꼼히 살펴봐야 되고, 특히 분양사가 확정수익을 약속할 경우 계약서에 명시해 필자의 친구와 같이 피해를 보지 말아야 한다.

7. 요즘 뜨는 호텔 분양! 투자해야 하나, 말아야 하나?

요즘 현수막광고의 나른 주인공은 '분양형 호텔'이다. 분양형 호텔이란 아파트나 오피스텔처럼 개별등기 후 분양해 객실별로 소유자가 다른 형태의 호텔로, 우리가 흔히 호텔이라고 부르는 숙박시설은 '관광진흥법' 제20조에 따라 분양이 불가하지만, 분양형 호텔은 '공중위생관리법'의 적용을 받기에 '건축물의 분양에 관한 법률'에 따라 연면적이 3,000㎡를 초과하면 분양이 가능하다. 또한 분양형호텔은 취사시설을 갖춘 '레지던스 호텔'과 취사시설을 갖추지 않은 '비즈니스 호텔'로 나뉜다.

구분	근거법	해당 호텔
레지던스 호텔	관광진흥법, 공중위생관리법	특2급~2급 관광 호텔, 일반 숙박시설 중 호텔
비즈니스 호텔	관광진흥법, 공중위생관리법	가족 호텔, 생활 숙박시설 중 호텔

출처 : 한국은행

　분양형 호텔은 준공 후 전문운영사가 위탁받아 호텔을 운영·관리하며, 발생된 수익의 일부를 개별 소유자가 배당받는 수익형 부동산의 하나로, 보통 1~2년에서 최대 10년까지 확정 수익을 지급하고, 약정 기간 이후에는 영업활동 결과를 바탕으로 수익률을 조정한다. 이와 같은 위탁운영으로 투자자는 오피스텔의 투자와는 달리 시설관리에 신경을 쓰지 않아도 되고, 임차인이 없기에 임대차계약이나 부동산 중개수수료에서도 자유롭다.

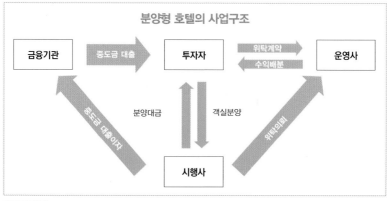

분양형 호텔의 사업구조

출처 : 한국은행

요즘 분양형 호텔의 인기가 높은 이유는 저금리 여파로 수익형 부동산에 대한 수요가 증가했기 때문이다. 하지만 수익형 부동산의 대표주자인 오피스텔은 정부가 2014. 2. 26. 시행한 '서민·중산층 주거안정을 위한 임대차시장 선진화 방안'에 따라 임대인의 동의가 없더라도 임차인이 월세에 대해 세액공제신청을 할 수 있게 돼, 인기가 하락하고 있다.

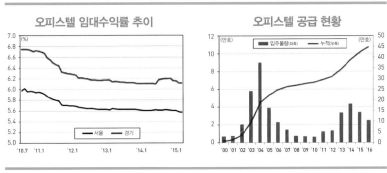

출처 : KB주택가격동향   출처 : 부동산114

반면 분양형 호텔의 인기가 높아지고 있는 상황으로, 오피스텔의 대체상품으로 각광받고 있는데, 많은 시행사가 준공 시까지 중도금의 이자를 대납하는 것도 분양형 호텔의 인기가 높은 이유 중 하나이다. 특히 중국인이 많이 찾는 제주도의 경우 분양형 호텔의 투자가 급증하고 있다.

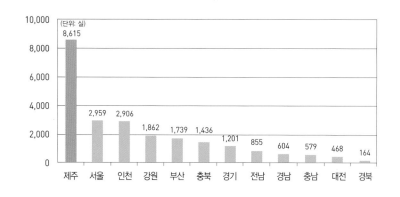

출처 : 한국은행

하지만 한국은행의 '제주 지역 분양형 호텔의 급증 배경 및 리스크 점검' 보고서를 살펴보면, 분양형 호텔의 급증은 숙박시설의 공급과잉을 초래해 제주도 숙박업계 전반의 수익성 악화를 초래할 가능성이 있고, 2015년 이후부터 관광객의 증가율이 하락하고 있어, 객실 가동률이 2018년도에는 67.2%까지 하락할 수 있다고 경고하고 있는데, 이 경우 수익률은 은행이자보다 조금 높은 5.1%에 불과하고, 객실 가동률이 50%이하로 하락하면 오히려 수익률이 마이너스로 돌아설 수 있다.

(단위 : 백만 원, %)

	85%	80%	75%	70%	65%	60%	55%	50%
객실매출액(+)	9,425	8,871	8,316	7,762	7,207	6,653	6,099	5,544
부대시설매출액(+)	1,663	1,565	1,468	1,370	1,272	1,174	1,076	978
매출원가(-)	582	548	514	479	445	411	377	342
인건비(-)	1,940	1,826	1,712	1,598	1,484	1,370	1,256	1,141
판매관리비(-)	4,000	4,000	4,000	4,000	4,000	4,000	4,000	4,000
영업손익	4,566	4,062	3,558	3,054	2,550	2,047	1,543	1,039
실당손익	13.0	11.6	10.2	8.7	7.3	5.8	4.4	3.0
실당 수익률(%)	12.3	10.5	8.7	6.9	5.1	3.3	1.5	-0.3

분양형 호텔 객실 가동률에 따른 추정 수익률, 산정식 = (매출액 − 운영비)÷객실수÷실투자액(8천만 원 가정)×100−대출금리(연 4% 가정)

출처 : 한국은행

만약 한류가 식어 중국인 관광객이 일본이나 동남아시아로 빠져나간다면, 분양형 호텔은 공급과잉에 시달리게 될 것이다. 그리고 금리도 중요한 변수 중 하나다. 현재의 기준금리가 역대 최저 수준이지만, 미국의 금리인상, 물가안정을 위한 정부의 정책으로 언젠가 금리는 오를 것이다. 이런 이유로 분양형 호텔에 투자할 경우 보다 신중히 따져봐야 한다.

8. 상가 투자의 기본, 항아리 상권에 투자해라

요즘 상가 투자의 인기가 하늘 높은 줄 모른다. 특히 퇴직금 등 목돈이 쥐어진 은퇴자들이 많이 선택하는 노후준비 중 하나가 상가 투자다. 하지만 상가 투자는 주택에 비해 다소 초기 투자자금이 많이 들어가는 단점이 있다. 그러나 각자의 사정에 따라 천만 원, 5천만 원, 1억 원 등 소액 투자자금에 대한 정의가 다를 것이기에 상가 투자에 대한 노하우도 전수하고자 한다.

얼마 전까지만 해도 많은 상가 전문가들이 상가 투자의 3원칙을 지켜 투자하라고 강조했다.

대박 Tip — 상가 투자의 3원칙

제1원칙, 상업지 비율이 낮은 곳에 투자하라.

제2원칙, 대체 불가능성에 투자하라.

제3원칙, '유동인구가 오래 머무를 수 있는, 재미있는 문화가 있는 상권에 투자하라.

하지만 상가 투자의 3원칙 보다 더욱 중요한 원칙이 있으니, 그것은 바로 '항아리 상권'에 투자해야 된다는 원칙이다. 항아리 상권이란 특정 지역에 상권이 한정돼 더 이상 팽창하지는 않지만 물이 고여 있는 항아리처럼 소비자들이 다른 지역으로 빠져나가지 않는 상권을 말하는데, 이러한 상권은 마치 그 모양이 항아리 모양과 흡사하다고 해서 붙여진 별명이다(저수지 상권이라고 부르는 이

들도 있다). 항아리 상권은 소비자들이 상권에서 벗어나지 않고 소비를 하는 상권으로, 고정수요로 수익률의 예측이 쉽다. 항아리 상권은 물이 넘치는 항아리처럼, 소비자들이 넘쳐나는 자영업자들에게 인기가 높은 상권이다.

항아리 상권의 반대말로 '개천 상권'이 있다. 개천 상권은 물이 고이는 항아리 상권 또는 저수지 상권처럼 소비자들이 고이는 상권이 아니라, 개천에서 물이 스쳐 지나가듯 소비자들이 스쳐 지나가는 상권을 말한다. 초보 투자자들은 스쳐 지나가는 많은 유동인구를 보고 개천 상권이 좋은 상권이라 판단하나 이는 큰 오판이다. 유동인구도 중요하지만 더욱더 중요한 것은 유동인구가 아니라 유동인구가 상권에 머물러 소비를 하는 것이다.

그런데 초보 투자자들이 범하기 쉬운 오류가 지하철역 근처에 모여 있는 상가들의 모양을 보고 항아리 상권이라고 부르는데, 이는 잘못된 판단이다. 역세권 인근의 상권과 달리 항아리 상권은 상권이 커지지도, 줄어들지도 않는 형태의 특징을 보이며 주로 대규모의 아파트 단지를 배후단지로 두고 있는 중심상가 등이 오히려 항아리 상권에 가깝다. 항아리 상권은 교통편이 좋거나, 지하철역까지의 거리가 가까워 인근 상권으로의 이동이 쉬운 상권보다는, 오히려 교통이 불편해 소비자들이 계속적으로 머무르는 곳에 만들어지는 경우가 많다.

이러한 입지를 자랑하다보니 상가 투자자들 사이에서는 이미 알짜 투자 지역으로 각광을 받고 있다. 그러나 항아리 상권 투자 시 유의점도 존재한다. 우선 항아리 상권의 투자 전 대형마트나 대형 쇼핑몰의 입점 여부를 꼭 확인해봐야 한다. 대형마트나 쇼핑몰 인근의 상가는 쉽사리 살아남을 수가 없다. 비슷한 맥락에서 다른 부동산에서는 큰 호재가 될 수 있는 대형 관공서나 산업단지 조성이 항아리 상권에는 오히려 악재로 작용하는 수 있다. 대형관공서 이전 등의 호재로 인구유입이 크게 늘어 전철역이나, 교통 등의 편의가 좋아지면 기존 항아리 상권이 개천 상권으로 변하기 때문이다.

물론 지하철 역사가 들어서면, 상권이 크게 성장해 새로운 역세권으로 변화할 수도 있다. 그러나 자칫 사람들이 지나가기만 하는 환승상권이 되어 오히려 수익률이 높지 않은 상권으로 퇴화하는 등의 변수도 예상해봐야 한다. 상권은 언제나 양면을 가지고 있다. 그리고 언제나 변화한다. 투자자라면 변화를 눈여겨보고 빠르게 적응해만 성공 투자의 단맛을 볼 수 있다.

신길역은 1호선, 5호선 환승역임에도 불구하고 상권이 발달되어 있지 않다.

상권 얘기가 나온 김에 역세권도 살펴보자. 수익형 부동산 투자를 하는 사람들에게 역세권은 돈이 모이는 장소로 인식되어 왔다. 특히 상가 투자에서 역세권 여부는 수익의 큰 차이를 가져온다. 그래서 역세권일수록 권리금도 비싸진다. 그렇다면 역세권의 어떤 상가를 택해야 하나?

같은 역세권 상가라도 어디에 위치하느냐에 따라 매출이 달라진다. 대표적으로는 정문이나 메인 출구에 가까울수록 좋은 투자처다. 역의 정문방향을 기준으로 상권이 형성되는

같은 역세권임에도 정문방향으로는 상권이 형성되어 있고, 후문방향은 아직 개발이 이루어지지 않고 있다.

데, 후문방향으로는 상권이 만들어지기가 힘들다. 또 후문방향은 고정수요가 많지 않아 수익률 또한 낮다. 역의 정문방향이면서 코너에 위치해 출입과 주목성이 높은 상가가 수익률이 높다.

그렇다면 역세권에서는 어떤 종목의 상가가 인기가 많은가? 역세권은 아무렇지 않게 들어갔다 나올 수 있는 종목의 상가가 인기가 많은데, 역세권에 편의점, 휴대폰 가게 등이 많은 것도 그러한 이유다. 역사 내 의류매장이나, 액세서리매장 등이 문을 없애고 지나가는 사람들 누구나 잠시 머무를 수 있도록 매장 외부 위주로 제

품을 진열하는 것 또한 같은 맥락이다.

역세권 상가 투자는 다른 상가 투자보다 초기 투자금이 높은 편이다. 그러나 높은 수익률을 얻기 위해 역세권 상가를 집중적으로 투자하는 이들도 적지 않다. 저렴한 곳이 아닌, 가치 있는 곳에 투자하는 것이 맞지만 해당 역세권이 앞으로 얼마나 발전할지, 얼마나 많은 사람들이 유입될지, 유입된 사람들이 그 안에서 얼마만큼의 돈을 쓸지를 주목한 후 투자한다면 좀 더 성공적인 투자가 가능할 수 있을 것이다.

9. 골리앗과의 싸움을 피해라

지난해 부동산 뉴스에서 가장 많이 언급된 단어 중에 하나가 바로 '뉴스테이'다. 처음 낯설기만 했던 이 단어는 최근 부동산 시장의 핵심 이슈로 자리 잡고 있다. 그렇다면 뉴스테이는 무엇인가? 뉴스테이는 국내 중산층의 주거안정을 위해서 민간기업이 임대사업을 하도록 국토부가 유도하는 정책이다. 기존 LH공사가 공급하는 공공임대주택과 다른 점은 임대료가 주변 일반아파트의 전월세 시세와 비슷한 수준이라는 점과 내·외관이 보통의 민간아파트 수준으로 건설되는 것이다.

뉴스테이의 임차인은 최소 8년간 거주할 수 있고, 임대사업자는 임대기간 중 연 5%이상 임대료를 올려받을 수 없다. 다시 말해 임차인은 2년에 한 번씩 전·월세 전쟁을 치르지 않아도 되며, 임대사업자는 8년이라는 임대기간 동안 안정된 수익과 일정기간이 지난 후에는 분양으로 전환해 수익을 올릴 수도 있다. 또 그린벨트나 농업진흥지역 규제를 대폭으로 풀어주기까지 한다.

그러나 중요한 것은 이 사업으로 우리가 어떤 이득을 볼 수 있고, 어떤 영향을 초래할지다. 결론부터 말하면 수익형 부동산에 투자하는 투자자라면 뉴스테이 사업지를 피하는 것이 좋다. 이는 뉴스테이의 외관이 일반아파트와 크게 다르지 않고, 8년간 거주할 수 있는 혜택이 있는데, 일반 수요자들에게 민간대기업이 운영하는 뉴스테이와 개인의 수익형 부동산 중 하나를 고르라고 한다면, 당연히 뉴스테이를 선택할 것이기 때문이다.

뉴스테이 사업지 인근에서 수익형 부동산을 매수할 경우 대기업보다 임대료를 낮추지 않으면 임차인의 선택을 받기란 어려울 것이다. 국가라는 골리앗이 지원하는 사업과 경쟁을 하게 되는 셈이니 말이다. 이미 공모 사업 중인 지역들을 살펴보면 위례신도시, 인천 도화지구, 동탄, 수원권선 등 모두 입지여건이 좋아, 수익형 부동산 투자자들에게 인기 높은 지역이다. 하지만 이런 지역의 수익형 부동산에 투자하는 것이 과연 옳은 일인지 잘 생각해볼 필요가 있다.

그러나 뉴스테이가 토지시장에 끼치는 영향은 수익형 부동산과는 정반대일 것이다. 뉴스테이로 인한 기반시설의 확충, 인구유입과 지역의 활성화는 지가에 그대로 반영이 될 것이고, 뉴스테이 사업지역이 커질수록 예정지역이나 사업지 인근의 토지는 그 가치가 오를 것이다. 이처럼 현재 진행되는 사업이 공통적으로 모든 투자에 호재이거나 악재일 수는 없고 위기와 기회가 공존한다. 우리는 한 가지 이슈 속에서 기회를 찾는 방법을 끊임없이 공부하고 연구해야 한다.

10. 서울이냐? 지방이냐? 그것이 문제로다

원룸, 오피스텔, 상가 등 수익형 부동산 투자 시 고려되는 사항으로 첫째는 투자금액, 둘째는 수익률일 것이다. 하지만 투자지역역시 중요한 고려사항 중 하나다. 아무래도 지방보다 서울의 수익형 부동산이 수익률이 좋겠지만, 그렇다고 서울의 수익형 부동산이 무조건 좋다는 얘기가 아니다.

각각의 장·단점을 파악한 후 자신에게 맞는 투자를 진행하는 것이 좋다. 서울의 경우 지방보다 초기 투자자금이 많이 필요하다는 단점이 있는 반면, 지방보다 임대수요가 풍부하고 수익률이 좋다는 장점이 있다. 반면 지방은 서울의 반대로 초기 투자자금이 적은반면 임대수요가 서울보다 많이 떨어진다.

그리고 가급적 거주지 인근의 수익형 부동산에 투자하는 것이 유리하다. 수익형 부동산은 토지와 다르게 꾸준한 관리가 필요하다. 그렇기에 수리 등 만약의 경우 쉽게 찾아갈 수 있는 거리가 유리하다. 자신의 거주지와 먼 곳에 투자하면 급할 때 곧바로 찾아가기가 어려워지기 때문이다.

필자가 서울에서 추천하는 소액 수익형 부동산 투자처는 강동구나 마포구 인근이다. 이들 지역은 재개발과 재건축으로 인한 수요가 많고, 업무단지 등이 형성되어 있어 직장인 및 대학생의 수요도 풍부한 편이라 안정적인 수익률을 기대할 수 있으며, 전세나 대출을 활용하면 5,000만 원 대의 투자가 가능하다.

구미국가산업단지에는 많은 대기업들이 입주해 있다.

지방의 경우 구미지역의 다가구 수익형 부동산을 추천한다. 국가산업단지가 조성될 정도로 높은 직장인 수요를 자랑하고 있다. 또 삼성, LG같은 대기업이 수백억 원의 투자를 하고 있는 알짜배기 지역이기도 하다. 더불어 구미~대구~경산을 잇는 광역철도망이 구축 확정되면서 기업과 지역 경쟁력이 강화될 것으로 기대된다.

특히 구미지역은 원룸 건물이 통으로 나온 경우가 많은데, 의외의 소액으로도 투자가 가능하며 수익률 또한 높은 편이다. 원룸 통건물의 실제 투자사례를 들여다보자. 필자의 연구소 회원 중 한 명이 필자에게 구미지역 수익형 부동산의 투자를 의뢰했다. 몇 군데의 물건을 현장답사했고 최종적으로 투자대상이 2건으로 압축됐다.

2건 모두 비슷한 위치에 있는 매물이었는데 A물건은 2009년도에 준공된 건물로 투자자금은 2억 4,000만 원이 필요하며 수익률은 20%였다. 다른 B물건은 1억 5,000만 원이면 투자가 가능하고 수익률은 앞의 A물건보다 높은 25%였다. 보통 사람이라면 투자자금이 9,000만 원이나 저렴함에도 수익률이 5%나 높기에 B물건을 선택할 것이다. 하지만 필자는 A물건을 추천했고, 회원 역시 필자의 의견을 존중해 A물건에 투자했다.

필자가 A물건을 선택한 이유는 코너에 위치한 매물이기에 추후 시세차익까지 실현이 가능하다고 판단되었기 때문이다. 그리고 수

구미 투자 물건의 수익률

층	호수	구분	보증금(만 원)	월세(만 원)	기타
1		상가	500	54	
2	201	원룸	100	22	
	202	원룸	100	23	
	203	원룸	100	23	
	205	원룸	100	23	
	206	원룸	100	23	
	207	투룸	1,000	35	
3	301	원	200	25	
	302	원룸	200	25	
	303	원룸	200	23	
	305	원룸	100	25	
	306	원룸	200	23	
	307	투룸	2,500	21	
4	501	원룸	100	25	
	502	원룸	100	23	
	503	원룸	100	30	
	505	원룸	100	23	
	506	투룸	500	42	
합계			6,300	491	

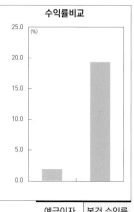

수익률 비교

예금이자	본건 수익률
2.00%	19%

(단위: 만 원)

매매가	60,500	월세 합계	491
보증금	6,300	대출이자	100(4%)
대출금	30,000	실수입	391
실투자금	24,200	수익률	19%

구미에서 쉽게 볼 수 있는 다가구주택 건물(구미의 경우 중개를 알선한 공인중개사들이 건물을 관리하는 관행이 있어 타지역에 거주하는 투자자들에게도 인기가 많다)

익률은 B물건이 더 높을지 몰라도 실제 얻을 수 있는 수익은 A물건이 4,800만 원, B물건이 2,250만 원으로, A물건이 월등히 높다.

옆의 구미 투자 물건은 필자의 예견과 같이 현재 가격이 상승해 시세차익까지 두 마리 토끼를 모두 잡을 수 있는 물건이 되었다.

수익형 부동산에 투자함에 있어 서울에 투자를 해야 되는지, 지방에 투자를 해야 되는지 정답은 없다. 다만 현재 자신이 처한 상황에 맞게 투자를 하되, 수익률과 시세차익 등을 꼼꼼히 살펴보는 것이 현명한 투자법이다.

Chapter 03

경매는
부동산 아울렛

필자는 경매와 궁합이 가장 잘 맞는 투자방법을 수익형 부동산이라고 생각한다. 이는 수익형 부동산의 수익 구조가 대출을 활용해 부동산을 매수하고, 대출이자는 월세에서 충당하며, 그러고도 남은 금액이 최종적으로 수익이 되는 구조인데, 경매로 부동산을 매수하는 것이 매수금액 대비 가장 높은 비율로 대출을 활용할 수 있기 때문이다.

요즘 경매 시장이 많이 과열되었다. 특히 역세권 소형 아파트의 경우 급매 가격보다 경매가 훨씬 더 비싸다. 그러면 난다 긴다 하는 경매 투자자들이 초보자들도 알고 있는 급매가 경매보다 저렴하다는 것을 몰라서 경매로 부동산을 취득하겠는가? 경매 투자자들 역시 급매가 경매보다 저렴하다는 것을 잘 알고 있다. 특히 급매로 부동산을 매수할 경우 명도 등 머리 아플 일도 없다. 심지어 공인중개사 사무실에서 커피를 얻어먹고 사장님 소리를 들으며 투자가 가능하다.

그럼에도 그들이 경매로 부동산을 매수하는 이유는 경매를 통한 부동산 매수가 일반 매매보다 더 많은 금액의 대출을 받을 수 있기 때문이다. 여기에서는 경매를 통한 수익형 부동산의 접근 방법을 사례를 통해 살펴보겠다.

1. 배후지역을 공략한 사례

상암DMC는 서울 마포구 상암동에 위치한 첨단 IT·미디어산업 클러스터로, 2000년에 기획되었고, 2002년부터 인프라 조성 공사가 시작됐으며, 현재 방송 콘텐츠와 미디어, IT 분야의 400여 개 기업이 입주해 있다. 특히 KBS, MBC, SBS 등의 방송사와 IT기업이 다수 위치해 있으며, 1만여 세대의 주거 단지도 조성돼 있다. 일본인학교도 용산에서 이주해 현재 상암DMC에 자리 잡고 있다.

많은 기업들이 상암DMC에 둥지를 틀다보니 직장인들의 임대 수요가 많다. 하지만 신입사원이 상암DMC에 집을 구하려고 시세를 알아본다면 비싼 가격에 깜짝 놀라고, 결국 돈이 부족한 직장인들은 인근의 보다 저렴한 지역으로 주거지를 선택한다. 이 물건

상암DMC 배후지역을 공략한 투자 사례

소재지	(033-34) 서울특별시 은평구 갈현동 478-11 3층 ▓▓호 [도로명주소] 서울특별시 은평구 연서로21길 24-4(갈현동)				
현황용도	다세대(빌라)	채권자	박▓▓	감정가	70,000,000원
대지권	13.4㎡ (4.05평)	채무자	박▓▓	최저가	(80%) 56,000,000원
전용면적	23.44㎡ (7.09평)	소유자	박▓▓	보증금	(10%) 5,600,000원
사건접수	2011-08-30	매각대상	토지/건물일괄매각	청구금액	50,000,000원
입찰방법	기일입찰	배당종기일	2011-11-16	개시결정	2011-08-31

기일현황

회차	매각기일	최저매각금액	결과
신건	2012-04-24	70,000,000원	유찰
2차	2012-05-29	56,000,000원	매각
	▓▓/입찰12명/낙찰65,389,950원(93%)		
	2012-06-05	매각결정기일	허가
	2012-07-13	대금지급기한	납부
	배당종결된 사건입니다.		

물건현황/토지이용계획

갈현초등학교 남측 인근에 위치

주위는 단독주택과 다세대주택등의 공동주택로변 근린생활시설등이 혼재

인근에 연서로 갈현동길이 위치 약600미터 거리에 연신내역(3호선 6호선전철역)이 있어 본 건까지의 차량출입 버스정류장 및 전철역접근 등 대중교통사정 비교적 무난

북서측 폭 약 8미터 내외의 아스팔트포장도로에 접함

제2종일반주거지역

가축사육제한구역

이용상태(원룸형주택(주방및방 욕실겸화장실 발코니등))

급배수 및 위생설비 도시가스에 의한 개별난방 설비등

철근콘크리트조

[토지이용계획/공시지가]
[부동산정보 통합열람]
[감정평가서]

감정평가현황 원일감정

가격시점	2011-09-08	
감정가		70,000,000원
토지	(40%)	28,000,000원
건물	(60%)	42,000,000원

면적(단위:㎡)

[대지권]

갈현동 ▓▓
121.3㎡ 분의 13.4㎡
대지권 13.4㎡ (4.05평)

[건물]

갈현동 478-11
3층 ▓▓호 다세대
23.44㎡ 전용
(7.09평)
5층 건중 3층

보존등기일 : 2003-09-04

임차인/대항력여부

배당종기일 : 2011-11-16

박▓▓   있음
전입 : 2009-03-16
확정 : 2009-03-16
배당 : 2011-09-20
보증 : 50,000,000원
점유 : 3층 방1칸
배당금 :   50,000,000원
전액배당으로 소멸예상

[매각물건명세서]
[예상배당표]

등기부현황/소멸여부

소유권	이전
2007-04-04	집합
오▓▓	
매매	

소유권	이전
2008-03-28	집합
박▓▓	
(거래가) 60,000,000원	
매매	

(근)저당	소멸기준
2009-10-05	집합
조▓▓	
40,000,000원	

강제경매	소멸
2011-08-31	집합
박▓▓	
청구 : 50,000,000원	

▷ 채권총액 :
40,000,000원

[등기부등본열람]
건물열람 : 2011-09-02

명세서 요약사항 · 최선순위 설정일자 2009.10.5.근저당권

매각으로 소멸되지 않는 등기부권리	해당사항 없음
매각으로 설정된 것으로 보는 지상권	해당사항 없음
주의사항 / 법원문건접수 요약	공용부분 면적은 4.93㎡임.

도 그러한 이유로 투자했다. 역세권으로 6호선 구산역까지는 도보 5분, 3호선 6호선 환승역인 연신내역까지는 도보 10분 거리에 위치하고 있으며, 지하철을 이용할 경우 상암DMC까지는 10분도 걸리지 않는다.

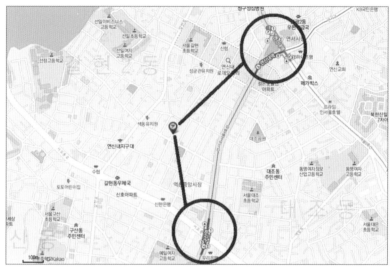

원룸 임차인들은 역세권을 선호한다.

대항력 있는 임차인이 점유하고 있는 물건이었는데, 기일 내에 배당요구해 전액 배당을 받는 경우다. 필자는 이처럼 전액 배당을 받는 대항력 있는 임차인을 좋아한다. 이는 명도가 가장 수월하기 때문이다. 제 아무리 대항력이 있다 할지라도 배당을 받기 위해서는 매수인에게 명도확인서와 인감증명서를 받아야 된다. 그래서 이를 무기로 명도협상이 가능하고, 결국 이사비 10원 하나 들이지 않는 무혈입성이 가능하다. 특히 아파트의 경우 체납관리비 때문에 고생하는 경매 투자자들이 많은데 임차인이 전액 배당을 받는 경우 체납관리비의 납부 시까지 명도확인서를 교부하지 않으면 제 풀에 꺾여 체납관리비 전부를 납부할 것이다.

예상 배당표

● 권리의 인수/소멸표
- 임금채권과 당해세의 경우 배당표에 적용되지 않습니다.
- 압류 등의 세금은 법정기일이 기준이므로, 배당시 주의하시기 바랍니다.
- 해당 예상 배당표는 참고용으로만 사용하시기 바랍니다.

성립순위	성립일자	권리종류	권리자	권리금액	소멸권리 및 대항여부	비고
1	전입 2009-03-16 확정 2009-03-16 배당 2011-09-20	주택임차인	박○연	[보] 50,000,000	있음	경매신청채권자
2	설정 2009-10-05	(근)저당	조○숙	[채] 40,000,000	소멸기준	
3	설정 2011-08-31	강제경매	박○연	[청] 50,000,000	소멸	

● 예상배당순위표
- 잔금미납으로 인한 몰취된 입찰보증금의 추가부분은 별도 계산하여 산입하시기 바랍니다.

매각 예상가격 수정 (배당할 총금액)	65,389,950 원 (매각가) 새로적용 초기화	● 배당할 총금액 = 매각대금 + 몰수된보증금

배당순위	권리종류	권리자	채권금액	배당할금액	배당금액	미배당금액	실제배당할 총금액
0순위	경매신청비용	박○연	0	0	1,549,160		63,840,791
1순위	주택소액임차인	박○연	50,000,000	20,000,000	20,000,000	30,000,000	43,840,791
2순위	확정일자주택임차인	박○연	50,000,000	30,000,000	30,000,000		13,840,791
3순위	(근)저당	조○숙	40,000,000	40,000,000	13,840,791	26,159,210	0
4순위	강제경매	박○연	0	0	0		0

● 예상배당내역표 - 해당사건의 모든권리의 채권최고액 기준으로 배당받은금액과 미배당금액을 보실 수 있습니다.

권리종류	권리자	채권최고액	배당액	미배당액	소멸/대항 여부	비고
주택임차인	박○연	50,000,000	50,000,000	0	소멸	경매신청채권자 전액배당으로 소멸예상
(근)저당	조○숙	40,000,000	13,840,800	26,159,200	소멸기준	

대항력 있는 임차인이지만 전액 배당받는다.

감정가는 7,000만 원인데, 현장에서 시세 확인 결과 8,000만 원에 거래되고 있었다. 점유 중인 임차인의 경우 전세 보증금이 5,000만 원이었는데, 전세 시세 역시 6,000만 원으로 올라 있었다. 그래서 전세 시세인 6,000만 원에 입찰하려 했는데 입찰 당일 법정에 사람들이 많아 다소 금액을 높였다. 그런데 현명한 선택이었다. 12명이 입찰했으며 2등과 불과 10만 원도 안 되는 가격차이로 낙찰받았다. 여담이지만 2등을 한 사람은 현장답사 시 부동산에서 만났던 사람이다.

대출신청, 잔금납부, 명도가 일사천리로 진행되었다. 내부 상태 또한 양호해 도배조차 하지 않고 임대차계약을 체결했다. 투자를 정리해보면 낙찰금액이 6,538만 원이었고, 새마을금고에서 낙찰금액 대비 80%인 5,230만 원을, 年 4%의 금리로 대출받았다. 보증금 500만 원, 월세 50만 원에 임대차계약을 체결했다. 실제 투자된 금액은 대출과 보증금을 제하니 약 800만 원이다. 취득세를 더하더라도 1,000만 원을 넘지 않는 투자금이 들어갔다.

대출 이자는 月 175,000원가량인데, 월세에서 대출이자를 제하더라도 月 325,000원가량의 수익이 발생되었다. 年으로는 390만 원인데 실제 들어간 약 1,000만 원의 투자자금 대비 수익률은 39%다.

건물 외관. 젊은 직장인에게 임대하기 위해서는 주차장이 꼭 필요하다.

높은 수익률과 함께 최초 임대차계약을 체결한 임차인이 다행스럽게도 계속 계약을 연장하고 있었으나 출구전략이 필요했다. 이유는 주위에 필자가 투자한 물건과 같이 상암DMC에 근무하는 직장인들을 노리고 신축되는 원룸 건물이 많았기 때문이다. 언젠가는 공급과잉이 될 것이고, 결국 임대인들간의 경쟁에 임대수익이 떨어질 것이라는 판단에, 이 물건은 작년에 8,000만 원에 매도했다. 결과적으로 투자자금 1,000만 원을 들여 3년 간 월세수익 1,170만 원을 얻었고, 매매 차익으로는 1,500만 원을 얻은 성공적 투자였다.

2. 신설되는 역을 공략한 사례

소재지	(152-13) 경기도 안산시 단원구 선부동 ▨▨▨ ▨▨▨▨ ▨▨▨▨▨
	[도로명주소] 경기도 안산시 단원구 선삼로 ▨▨(선부동)

현황용도	다세대(빌라)	채권자	▨▨▨▨▨자산관리	감정가	42,000,000원
대지권	14,84㎡ (4,49평)	채무자	정▨▨	최저가	(41%) 17,203,000원
전용면적	26,6㎡ (8,05평)	소유자	정▨▨	보증금	(10%) 1,721,000원
사건접수	2011-03-07	매각대상	토지/건물일괄매각	청구금액	60,000,000원
입찰방법	기일입찰	배당종기일	2011-06-14	개시결정	2011-03-08

기일현황 ▼간략보기

회차	매각기일	최저매각금액	결과
신건	2011-08-18	42,000,000원	유찰
2차	2011-09-19	33,600,000원	유찰
3차	2011-10-24	26,880,000원	유찰
4차	2011-11-28	21,504,000원	유찰
5차	2012-01-19	17,203,000원	매각

▨▨▨입찰5명/낙찰20,380,000원(49%)

	2012-01-26	매각결정기일 허가

배당종결된 사건입니다.

🅐 물건현황/토지이용계획

선부중학교 북서측 인근에 위치

인근 일대는 주로3~4층 규모의 다가구 및 다세
대주택 주상복합부동산 등이 혼재

인근에 버스정류장이 소재 차량 약7~8분 정도
거리에 영동고속도로 서안산IC가 위치

남측 폭15미터의 포장도로에 접함

제1종일반주거지역

이용상태(방1 주방겸거실 화장실 발코니 등)

보일러설비에 의한 개별난방 구조 급,배수설비

철근콘크리트조

🔲 토지이용계획/공시지가
🔲 부동산정보 통합열람
🔲 감정평가서

🅑 감정평가현황 소망감정

가격시점	2011-03-15
감정가	42,000,000원
토지	(40%) 16,800,000원
건물	(60%) 25,200,000원

🅒 면적(단위:㎡)

[대지권]

선부동 ▨▨▨▨
240,4㎡ 분의 14,84㎡
대지권 14,84㎡ (4,49평)

[건물]

선부동 ▨▨▨▨호 주택
지하층 ▨▨▨호 전용
26,60㎡ 전용
(8,05평)
3층 건중 지하층

보존등기일 : 2002-07-05

🅓 임차인/대항력여부

배당종기일: 2011-06-14

최▨▨   있음
전입 : 2001-04-12
확정 : 2001-04-13
배당 : 2011-03-17
보증 : 11,000,000원
점유 : ▨▨▨호(출입문표기
101호)
배당액 :   11,000,000원
전액배당으로 소멸예상

김▨▨
전입 : 2010-10-28
확정 : 없음
배당 : 없음
보증 : 미상
점유 : ▨▨▨호(출입문표기
101호)
현황조사 권리내역
▷ 보증금합계
11,000,000원

🔲 매각물건명세서
🔲 예상배당표

🅔 등기부현황/소멸여부

소유권	이전
2002-08-28	집합
정▨▨상사	매매

소유권	이전
2002-10-16	집합
정▨▨	매매

(근)저당	소멸기준
2002-10-23	집합
농업협동조합자산관리	
12,000,000원	

가등기	소멸
2003-06-05	집합
정▨▨	

가압류	소멸
2004-05-04	집합
경기신용보증재단	
8,500,000원	

가압류	소멸
2007-10-29	집합
한국자산관리공사	
36,379,797원	

임의경매	소멸
2011-03-08	집합
농업협동조합자산관리	
청구 : 60,000,000원	

▷ 채권총액 :
56,879,797원

🔲 등기부등본열람
건물열람 : 2011-03-10

명세서 요약사항 · 최선순위 설정일자 2002.10.23. 근저당권

매각으로 소멸되지 않는 등기부권리	해당사항 없음
매각으로 설정된 것으로 보는 지상권	해당사항 없음
주의사항 / 법원문건접수 요약	최선순위 근저당보다 빠른 임차인 있음

실거래가 정보(* 최근 12개월중 최근 거래내역 10건입니다.) ●매매 ○전월세   [시세] [실거래가] [전월세]

명칭(매매)	전용면적(㎡)	거래년월	계약일	해당층	거래금액
(1119-13)	21,45	2014,9	(11~20)	5	44,000,000 원
(1119-13)	39,37	2012,11	(21~31)	2	40,000,000 원
(1119-13)	21,45	2012,4	(11~20)	3	35,000,000 원
(1119-13)	23,08	2012,4	(11~20)	1	35,000,000 원
(1119-13)	26,48	2012,4	(11~20)	1	35,000,000 원
(1119-13)	81,79	2011,8	(11~20)	3	35,000,000 원

근접 통계 다세대(빌라)(6건) ▼   [해당번지 경매사례] [인근 진행물건] [인근 매각물건]

기간	매각건수	평균감정가	평균매각가	매각가율	유찰횟수	예상분석가
3개월	2건	176,500,000 원	157,366,300 원	89,16%	0,5회	37,447,200원
6개월	6건	153,833,333 원	139,123,933 원	90,44%	0,83회	37,984,800원
9개월	6건	153,833,333 원	139,123,933 원	90,44%	0,83회	37,984,800원

근접개발계획/관할주민센터/인근역

인근개발계획	· 안산도시공사 확인 · 시흥,군자 도시개발 확인 · 경기도시개발 확인 · 경기도 부동산포털정보 확인
관할주민센터	· 선부3동 주민센터 · 안산시 단원구 선부동 ▨▨ ▨▨ 위치 · (우)425-140 · 031-481-▨▨▨
인근역	· 공사중 소사원시선(2015년예정)(761m)

신설되는 역을 공략한 투자 사례

이 물건은 소사원시선으로 인해 투자를 결정했다. 소사원시선은 경기도 안산시 단원구의 원시역과 경기도 부천시 소사구의 소사역을 연결하는 노선이다. 현재 안산에 거주하는 직장인이 여의도, 영등포, 시청 등으로 출·퇴근하기 위해서는 4호선을 타고 금정역에서 환승해야 하기에 많은 시간이 소요되나, 소사원시선이 개통되면 1호선 소사역과 환승이 가능해지기에 출·퇴근 시간이 대폭 감소되는 효과가 있다.

입지는 소사원시선의 석수골역과 도보 5분 거리에 위치하고 있다. 석수골역은 기본계획 수립 단계에서는 경제성이 부족해 사업계획에서 제외됐다. 그러나 안산시는 역사 건설 및 주변 역세권개발을 민자 부대사업을 통해 개발하기로 계획을 변경했다. 역세권 개발을 통해 교통수요를 창출하고 개발이익금을 이용해 역사를 건설하겠다는 안산시의 예상은 적중했고, 현재 원활하게 공사가 진행 중이다.

물론, 반지하라는 태생적 한계를 지니고 있다. 하지만 현장답사 결과 정남향에 위치하고 있어 채광은 좋았다(여담이지만 반지하임에도 채광이 너무 좋아 임차인에게 암막블라인드를 선물해줬다). 집 바로 앞에는 중학교가 있어 예쁘게만 수리한다면 임대가 수월할 듯했다. 필자가 앞에서도 주장한 바와 같이 초등학교나 중학교 근처의 빌라는 임대수요가 풍부하다.

소사원시선 노선도

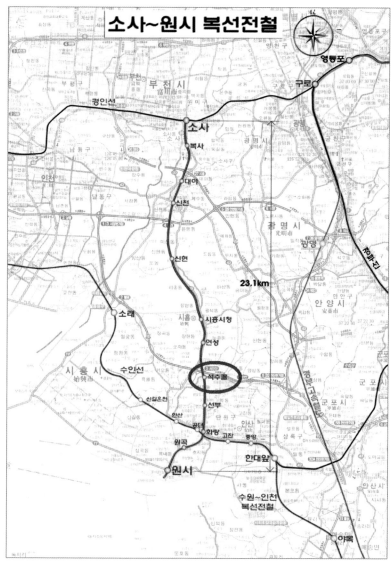

출처 : 국토교통부

감정가격은 4,200만 원이었는데 반지하라는 태생적 한계 때문에 5차까지 유찰되었다가, 5명이 입찰했다. 필자는 2,038만 원을 써냈는데 이번 물건 역시 2등과의 가격 차이는 10만 원 미만이었다.

반지하의 경우 경락잔금대출의 활용이 불가하다. 하지만 워낙 소액으로 낙찰받았기에 경락잔금대출 없이 필자의 돈으로 잔금을 치렀다. 대출을 실행시키지 않다 보니 직접 셀프로 등기를 진행해 이전비용도 아낄 수 있었다. 등기권리증이 나오자 근처 은행에 가서 담보대출을 신청했는데 생각보다 대출 가능 금액이 높았다. 대출금액이 높았던 이유는 경락잔금대출의 경우 빌라는 낙찰가 또는 감정가의 70%나 80%의 금액 중 보다 적은 금액을 대출한도로 정하지만, 일반 담보대출이다 보니 은행이 감정한 시세에서 방빼기를 한 금액을 제외하더라도 1,600만 원까지 대출이 가능했다. 해당 은행의 신용카드와 적금에 가입하니 금리도 3.5%로 인하해줬다.

이번 물건도 대항력 있는 임차인이 점유하고 있는 물건이다. 하지만 기일 내 배당요구를 마쳤고, 전액 배당받기에 이사비 10원 하나 들이지 않고 무혈입성이 가능했다.

반지하라는 태생적 한계를 극복하기 위해 집 앞의 중학교를 염두에 두고 여중생들이 좋아할 만한 공주님 취향으로 예쁘게 리모델링했다. 물론 최대한 비용을 줄이기 위해 도배, 장판을 제외하고는 대부분 셀프로 진행했으며, 공주님 컨셉에 맞는 핑크색 소품들

예상 배당표

● 권리의 인수/소멸표
- 임금채권과 당해세의 경우 배당표에 적용되지 않습니다.
- 압류 등의 세금은 법정기일이 기준이므로, 배당시 주의하시기 바랍니다.
- 해당 예상배당표는 참고용으로만 사용하시기 바랍니다.

성립순위	권리내역				소멸권리 및 대항여부	비고
	성립일자	권리종류	권리자	권리금액		
1	전입 2001-04-12 확정 2001-04-13 배당 2011-03-17	주거임차인	최■갑	[보] 11,000,000	있음	
2	설정 2002-10-23	(근)저당	농업협동조합자산관리	[채] 12,000,000	소멸기준	
3	설정 2003-06-05	가등기	정■식	[채] ?	소멸	
4	설정 2004-05-04	가압류	경기신용보증재단	[채] 8,500,000	소멸	
5	설정 2007-10-29	가압류	한국자산관리공사	[채] 36,379,797	소멸	
6	전입 2010-10-28 확정 배당	주거임차인	김■선	[보] 0	없음	현황조사 권리내역
7	설정 2011-03-08	임의경매	농업협동조합자산관리	[경] 60,000,000	소멸	

● 예상배당순위표
- 잔금미납으로 인한 몰취된 입찰보증금의 추가부분은 별도 계산하여 산입하시기 바랍니다.

매각 예상가격 수정 (배당할 총금액)		20,380,000 원 (매각가) 새로적용 초기화			● 배당할 총금액 = 매각대금 + 몰수된보증금	

배당순위	권리종류	권리자	채권금액	배당할금액	배당금액	미배당금액	실제배당할 총금액
0순위	경매신청비용	농업협동조합자산관리	0	0	1,090,960		19,289,040
1순위	주택소액임차인	최■갑	11,000,000	8,000,000	8,000,000	3,000,000	11,289,040
2순위	확정일자주택임차인	최■갑	11,000,000	3,000,000	3,000,000		8,289,040
3순위	(근)저당	농업협동조합자산관리	12,000,000	12,000,000	8,289,040	3,710,960	0
4순위	가압류	경기신용보증재단	8,500,000	8,500,000	0	8,500,000	0
5순위	가압류	한국자산관리공사	36,379,797	36,379,797	0	36,379,797	0
6순위	임의경매	농업협동조합자산관리	0	0	0	0	0

● 예상배당내역표 - 해당사건의 모든권리의 채권최고액 기준으로 배당받은금액과 미배당금액을 보실 수 있습니다.

권리종류	권리자	채권최고액	배당액	미배당액	소멸/대항여부	비고
주거임차인	최■갑	11,000,000	11,000,000	0	소멸	전액배당으로 소멸예상
(근)저당	농업협동조합자산관리	12,000,000	8,289,000	3,711,000	소멸기준	
가등기	정■식	0	0	0	소멸	
가압류	경기신용보증재단	8,500,000	0	8,500,000	소멸	
가압류	한국자산관리공사	36,379,797	0	36,379,800	소멸	
주거임차인	김■선	0	0	0	소멸	현황조사 권리내역 미배당금 소멸예상

대항력 있는 임차인이지만 전액 배당받는다.

로 리모델링을 완료했다. 예상은 적중했다. 집 앞 중학교에 다니는 여학생을 자녀로 둔 한부모 가정과 보증금 300만 원에 월세 25만 원으로 임대차계약을 체결했다.

낙찰금액 2,038만 원에 대출금 1,600만 원과, 보증금 300만 원을 제하면 투자자금은 138만 원에 불과하다. 여기다 인테리어비용

300만 원을 더하면 실제 투자된 총 금액은 438만 원(취득세는 셀프로 진행했고, 낙찰가격도 워낙에 소액이기에 몇 십만 원도 들지 않아 계산하지 않겠다)이다. 은행이자는 월 5만 원이 채 안 된다. 월세에서 은행이자를 빼면 한 달에 꼬박꼬박 20만 원씩 1년이면 240만 원의 수익이 생긴다. 대략적으로 계산해봐도 54%를 넘는 수익률이다. 얼마 전에는 한 무속인이 인근 부동산을 통해 연락을 취해왔는데, 이 물건을 4,000만 원에 매수하고 싶다고 한다. 하지만 모녀가 정인 임차인의 사정도 있고 해서 정중히 거절했다.

이번 물건의 수익률이 높은 이유는 반지하라서 워낙 저가에 낙찰받을 수 있었기 때문이다. 하지만 반지하는 출구전략을 짜기가 힘들다. 일반적인 부동산보다 매도 시 몇 곱절의 노력과 시간을 필요로 한다. 그래도 이번 물건과 같이 새로운 노선이 생긴다거나 재개발 또는 재건축의 호재가 있는 지역이라면 반지하도 투자할 가치는 충분하다.

3. 아파트는 부동산 투자의 영원한 챔피언

소재지		물건내역	종류	감정가/최저가	매각기일	유찰	조회
청주 2015-11		충청북도 청주시 청원구 내수읍 은곡리 301외 5필지 덕일한마음아파트 제104동 제5층 제5 호 [대지권 11.2평] [전용 11.7평]	아파트	35,000,000 35,000,000	2016-03-18 (입찰 11일전)	신건 (100%)	36
대구 2015-13		경상북도 칠곡군 약목면 관호리 산74-10 성재아파트 제2동 제1층 제1 호 [대지권 12.8평] [전용 12.7평]	아파트	22,000,000 15,400,000	2016-03-18 (입찰 11일전)	유찰 1회 (70%)	154
광주 2015-14 물번[1]		전라남도 나주시 남평읍 동사리 327 남평강변도시유성그린파크 제103동 제2층 제2 호 [대지권 8.8평] [전용 9.9평]	아파트	51,500,000 36,050,000	2016-03-18 (입찰 11일전)	유찰 1회 (70%)	153
광주 2015-14 물번[2]		전라남도 나주시 남평읍 동사리 327 남평강변도시유성그린파크 제103동 제3층 제3 호 [대지권 8.8평] [전용 9.9평]	아파트	53,500,000 37,450,000	2016-03-18 (입찰 11일전)	유찰 1회 (70%)	120
인천 2015-28		인천광역시 남구 숭의동 296-63 월드네오스빌 제3층 제 호 [대지권 3.9평] [전용 11.5평] [대항력있는임차인]	아파트	63,000,000 44,100,000	2016-03-18 (입찰 11일전)	유찰 1회 (70%)	234
청주 2015-2 물번[18]		충청북도 진천군 문백면 봉죽리 257외 4 필지 경향력스빌임대아파트 제102동 제5층 제5 호 [대지권 9.8평] [전용 10.6평]	아파트	32,000,000 25,600,000	2016-03-21 (입찰 14일전)	유찰 1회 (80%)	121
순천 2015-29		전라남도 광양시 중동 1294 제107동 제4층 제4 호	아파트	44,000,000 44,000,000	2016-03-21 (입찰 14일전)	신건 (100%)	8
안동 2015-36		경상북도 영주시 휴천동 392외 1필지 휴천주공아파트 제1동 제5층 제5 호 [대지권 14.9평] [전용 12.7평]	아파트	35,000,000 24,500,000	2016-03-21 (입찰 14일전)	유찰 1회 (70%)	100
밀양 2015-36		경상남도 창녕군 남지읍 남지리 650 국풍상가아파트 1동 5층 5 호 [대지권 15.3평] [전용 24.5평]	아파트	60,000,000 48,000,000	2016-03-21 (입찰 14일전)	유찰 1회 (80%)	103
정읍 2015-45 물번[2]		전라북도 정읍시 구룡동 648 영창파크타운 제102동 제7층 제7 호 [대지권 11.8평] [전용 18.1평]	아파트	64,000,000 44,800,000	2016-03-21 (입찰 14일전)	유찰 1회 (70%)	117
포항 2015-49		경상북도 포항시 남구 오천읍 문덕리 408 플러스빌공동주택아파트 제6층 제6 호 [대지권 8.4평] [전용 14.2평] [재매각]	아파트	36,000,000 25,200,000	2016-03-21 (입찰 14일전)	재매각 1회 (70%)	226

소액으로 투자 가능한 아파트는 넘쳐난다.

경매 사이트에서 5,000만 원 이하로 입찰이 가능한 아파트를 살펴보니 300건이 넘는다. 만약 금액을 1억 원으로 상향한다면 입찰 가능한 물건은 몇 곱절 늘어난다. 하지만 낙찰금 대비 70%는 대출로 활용이 가능하기에 5,000만 원으로 투자가 가능한 아파트는 다시 또 몇 곱절 늘어날 것이다.

흔히들 아파트가 부동산 투자의 챔피언이라고 한다. 이는 토지나 특수물건 대비 높은 시세차익을 기대하긴 힘들어도, 환금성이 우수하기 때문이다. 그럼에도 다수의 투자자들이 아파트는 많은 투자자금을 필요로 한다고 치부하며 물건 검색조차 등한시하고 있다. 하지만 아직도 지방은 물론, 수도권 인근에서조차 대출을 이용해 3,000만 원 이하의 투자자금으로 투자할 수 있는 아파트가 무수히 많다. 일례로 필자의 지인들은 지방의 임대아파트 한 동이 공매로 나오자 80% 이상의 호실을 경매로 낙찰받은 사례가 있다.

비싸다는 선입견 때문에 황금과도 마찬가지의 환금성을 가지고 있는 아파트의 투자를 게을리하지 않기를 기원한다. 물론 서초, 강남, 송파 등 일부지역의 아파트 투자 시 많은 투자자금을 필요로 하는 것은 사실이나, 조금만 눈을 돌려 살펴보면 임대수익도 풍부하고 시세차익까지 얻을 수 있는 아파트들이 지천에 널려 있다.

'아파트 공화국'이라는 우리나라의 별명에 걸맞게, 많은 투자자들이 아파트를 최고의 투자 순위로 꼽는다. 그런데 아파트 투자에서 중요하게 여겨지는 다양한 조건 중에서도 '면적'은 놓칠 수 없는 조건이다. 면적은 실제 거주할 사람들의 선호도가 중요하고, 이에 따라 공실비율이 결정된다. 최근까지 투자자들의 투자트렌드는 중소형 아파트에 쏠렸지만, 최근 정부의 정책 등을 살펴보면 '중대형 아파트' 투자 역시 눈여겨 볼만하다고 여겨진다.

이유는 최근 캥거루족과 신캥거루족이 증가하고 있기 때문이다. 캥거루족은 성인이 되었음에도 독립하지 않고 부모님과 함께 사는 청년들을 일컫는다. 이들은 취업난과 주거비 부담으로 독립하기 보다는 부모님의 영향력 아래에서 머문다. 그리고 신캥거루족이란 결혼 후에도 높은 주거비용으로 부모와 함께 사는 기혼자녀들을 말하는데, 부모님께 자녀양육에 대한 도움을 받으면서 맞벌이를 한다. 이렇게 3대가 살다보니 자연히 넓은 면적이 필요하고, 그래서 최근까지 외면 받던 중대형 아파트의 인기가 다시 올라가고 있다.

특히 최근의 중대형 아파트는 비인기 틈새시장으로 저렴한 가격에 매수가 가능하다. 필자의 예를 들어보겠다.

소재지	(117-84) 경기도 의정부시 용현동 ■ 세마용현아파트 ■■■ ■ ■ ■					
	[도로명주소] 경기도 의정부시 시민로 ■■■■■■■■■					
현황용도	아파트	채권자	하나은행		감정가	160,000,000원
대지권	44.7935㎡ (13.55평)	채무자	박■■		최저가	(64%) 102,400,000원
전용면적	84.88㎡ (25.68평)	소유자	박■■		보증금	(10%) 10,240,000원
사건접수	2011-12-08	매각대상	토지/건물일괄매각		청구금액	71,237,159원
입찰방법	기일입찰	배당종기일	2012-03-05		개시결정	2011-12-09

기일현황

회차	매각기일	최저매각금액	결과
신건	2012-11-20	160,000,000원	유찰
2차	2012-12-26	128,000,000원	유찰
3차	2013-01-29	102,400,000원	매각
	■■/입찰6명/낙찰123,800,000원(77%)		
	2013-02-05	매각결정기일	허가
	2013-03-12	대금지급기한	납부
	배당종결된 사건입니다.		

물건현황/토지이용계획

'영석고등학교' 동측 인근에 위치

부근은 대부분 아파트 및 단독주택이 혼재

인근에 버스 정류장이 소재 등 제반 교통 여건은 보통

본건 아파트단지 내외로 포장도로가 개설

이용상태(방3 거실 주방 식당 욕실 겸 화장실 2 발코니 등)

도시가스 보일러에 의한 개별 난방설비 승강기설비 옥내 소화전설비 상수도에 의한 급탕 급배수 등 위생설비

철근콘크리트조

[토지이용계획/공시지가]
[부동산정보 통합열람]
[감정평가서]
[시세] [실거래가] [전월세]

감정평가현황 오봉감정

가격시점	2011-12-16
감정가	160,000,000원
토지	(46.25%) 74,000,000원
건물	(53.75%) 86,000,000원

면적(단위:㎡)

[대지권]
용현동 390 외 1필지
9237㎡ 분의 44.79㎡
대지권 44.79㎡ (13.55평)

[건물]
■■■
3층3■호 아파트
84.88㎡ 전용
(25.68평)
13층 건중 3층 동향, 계단식

보존등기일 : 1990-12-19

[건축물대장]

임차인/대항력여부

배당종기일: 2012-03-05

주■■
전입 : 2007-12-17
확정 : 2011-10-04
배당 : 2012-01-17
보증 : 25,000,000원
차임 : 300,000원
점유 : 전부
배당 : 20,000,000원
미배당 : 5,000,000원
일부배당(미배당금 소멸예상)

없음

[매각물건명세서]
[예상배당표]

등기부현황/소멸여부

소유권	이전
1997-03-11	집합
이■■	
매매	
소유권	이전
2005-05-23	집합
박■■	
매매	
(근)저당	소멸기준
2007-12-10	집합
하나은행	
79,200,000원	
(근)저당	소멸
2008-12-15	집합
김■	
60,000,000원	
가압류	소멸
2011-10-13	집합
국민은행	
83,359,955원	
가압류	소멸
2011-10-13	집합
기술신용보증기금	
100,000,000원	
가압류	소멸
2011-11-16	집합
신한카드	
14,121,309원	
가압류	소멸
2011-11-23	집합
우리은행	
48,000,000원	
가압류	소멸
2011-12-09	집합
하나은행	
7,250,709원	
임의경매	소멸
2011-12-09	집합
하나은행	
청구 : 71,237,159원	
2011타경48■배당종결	
가압류	소멸
2011-12-12	집합
하나에스케이카드	
10,935,943원	
가압류	소멸
2011-12-19	집합
한국무역보험공사	
160,000,000원	
▷ 채권총액 :	
562,867,916원	

[등기부등본열람]
건물열람 : 2011-12-21

명세서 요약사항 • 최선순위 설정일자 2007.12.10. 근저당권

매각으로 소멸되지 않는 등기부권리	해당사항 없음
매각으로 설정된 것으로 보는 지상권	해당사항 없음
주의사항 / 법원문건접수 요약	※미납관리비(공용)를 인수할수 있으니 입찰전에 확인 하시기 바랍니다.

의정부 용현동에 소재한 공급면적 115㎡(35평형)의 아파트다. 중대형이 외면받기에 감정가 대비 77.38%에 낙찰받았다. 임차인이 대항력은 없지만 보증금 2,500만 원 중 2,000만 원을 배당받기에 이 건 역시 이사비 10원 하나 들이지 않고 무혈입성이 가능했다.

예상 배당표

권리의 연수/소멸표
- 임금채권과 당해세의 경우 배당표에 적용되지 않습니다.
- 압류 등의 세금은 법정기일 기준이므로, 배당시 주의하시기 바랍니다.
- 해당 예상배당표는 참고용으로만 사용하시기 바랍니다.

성립순위	성립일자	권리종류	권리자	권리금액	소멸권리 및 대항여부	비
1	설정 2007-12-10	(근)저당	하나은행	[채] 79,200,000	소멸기준	
2	전입 2011-12-17 확정 2011-10-04 배당 2012-01-17	주택임차인	주O회	[보] 25,000,000 [월] 300,000	없음	
3	설정 2008-12-15	(근)저당	김O정	[채] 60,000,000	소멸	
4	설정 2011-10-13	가압류	국민은행	[채] 83,359,955	소멸	
5	설정 2011-10-13	가압류	기술신용보증기금	[채] 100,000,000	소멸	
6	설정 2011-11-16	가압류	신한카드	[채] 14,121,309	소멸	
7	설정 2011-11-23	가압류	우리은행	[채] 48,000,000	소멸	
8	설정 2011-12-09	가압류	하나은행	[채] 7,250,709	소멸	
9	설정 2011-12-09	임의경매	하나은행	[청] 71,237,159	소멸	2011타경48
10	설정 2011-12-12	가압류	하나에스케이카드	[채] 10,935,943	소멸	
11	설정 2011-12-19	가압류	한국무역보험공사	[채] 160,000,000	소멸	

예상배당순위표
- 잔금미납으로 인한 몰취된 입찰보증금의 추가부분은 별도 계산하여 산업하시기 바랍니다.

매각 예상가격 수정 (배당할 총금액) [123,800,000]원 (별가격) 새로적용 초기화 • 배당할 총금액 = 매각대금 + 월

배당순위	권리종류	권리자	채권금액	배당할금액	배당금액	미배당금액	
0순위	경매신청비용	하나은행	0	0	2,348,660		
1순위	주택소액임차인	주O회	25,000,000	16,000,000	16,000,000	9,000,000	
2순위	(근)저당	하나은행	79,200,000	79,200,000	79,200,000	0	
3순위	주택소액임차인(추가)	주O회	25,000,000	4,000,000	4,000,000	5,000,000	
4순위	(근)저당	김O정	60,000,000	60,000,000	22,251,340	37,748,660	
5순위	주택소액임차인(추가)	주O회	25,000,000	2,000,000	0	5,000,000	
6순위	확정일자주택임차인	주O회	25,000,000	5,000,000	0	5,000,000	
7순위	가압류	국민은행	83,359,955	83,359,955	0	83,359,955	
8순위	가압류	기술신용보증기금	100,000,000	100,000,000	0	100,000,000	
9순위	가압류	신한카드	14,121,309	14,121,309	0	14,121,309	
10순위	가압류	우리은행	48,000,000	48,000,000	0	48,000,000	
11순위	가압류	하나은행	7,250,709	7,250,709	0	7,250,709	
12순위	임의경매	하나은행	71,237,159	0	0		
13순위	가압류	하나에스케이카드	10,935,943	10,935,943	0	10,935,943	
14순위	가압류	한국무역보험공사	160,000,000	160,000,000	0	160,000,000	

예상배당내역표 - 해당사건의 모든권리의 채권최고액 기준으로 배당받은금액과 미배당금액을 보실 수 있습니다.

권리종류	권리자	채권최고액	배당액	미배당액	소멸/매입여부	비고
(근)저당	하나은행	79,200,000	79,200,000	0	소멸기준	
주택임차인	주O회	25,000,000	20,000,000	5,000,000	소멸	일부배당(미배당
(근)저당	김O정	60,000,000	22,251,300	37,748,700	소멸	
가압류	국민은행	83,359,955	0	83,360,000	소멸	
가압류	기술신용보증기금	100,000,000	0	100,000,000	소멸	

임대차보증금 2,500만 원 중 2,000만 원을 배당받는다.

낙찰가격은 1억 2,380만 원인데 대출을 활용하니 실제 들어간 비용은 3천만 원을 약간 상회했다. 장기 보유하지 않고, 단기간에 매매를 해 다소 많은 금액의 양도소득세를 부담했지만, 투자자금 대비 꽤 재밌는 투자였다. 다들 소형 아파트에만 투자를 해, 소형 아파트의 낙찰가격이 급매가격을 상회하다 보니 더 이상 아파트는 투자대상이 아니라고들 하는데, 조금만 발상을 전환한다면 아파트 역시 소액으로 얼마든지 수익이 가능하다.

Part 05

대박땅꾼이
추천하는
소액 투자 지역

Chapter 01

생각만 하지 말고
실천하라

적게는 500만 원, 보다 많게는 3,000만 원만 준비되더라도 아직까지 소액 투자가 가능한 물건은 얼마든지 널려 있다. 문제는 투자할 대상이 없는 것이 아니라 투자할 실행력 또는 의지가 없는 것이다. 이 책을 읽은 이후 더 이상 투자금을 핑계로 투자를 남의 잔치와 같이 치부하는 실수를 하지 말자. 지금 가용할 수 있는 500만 원의 투자자금마저 없다면, 부업을 갖든, 주말에 투잡을 뛰든 몇 달 열심히 고생하면 된다. 길게는 10년 후, 짧게는 5년이 지난다면 지금 소액 투자를 시작하는 이와 투자하지 않는 이들의 차이는 어마어마하게 벌어져 있을 것이다. 필자 역시 30살까지 부동산에는 관심조차 없었기에, 돌이켜 생각해보니 그전까지 수많은 기회를 놓친 것이 정말 아쉬울 따름이다.

노후 준비를 일찍 시작한 경우 5,000만 원부터 1억 원 정도의 여윳돈이 준비되어 있기에, 투자 대상에서 선택의 폭이 넓을 것이다. 소액 투자에서 그림의 떡처럼 느껴지는 제주도, 평택시, 세종시, 당진에도 투자가 가능하다. 나열한 지역들은 빠른 개발속도 등으로 단기간에 차익을 얻을 수 있고, 안정된 투자지역이다 보니 투자자들에게 인기가 많다. 그러나 호재지역은 기획부동산이라는 함정도 도사리고 있고, 알짜배기 토지는 경쟁률 또한 높다. 특히 지주의 마음이 변심해 거래가 깨지는 경우도 비일비재하다. 사실 1억원 이상의 여유자금이 있다면 비싸더라도 가치 있는 지역에 투자하는 것이 좋다. 그러나 여윳돈이 넉넉하지 않더라도 투자 지역을 선정해 발품을 팔고, 투자에 대한 노하우만 있다면 얼마든지 소액 투자가 가능하다.

Chapter 02
새만금개발지 부안, 아직도 소액 투자가 가능하다

빠르면 30대 초반에서 40대쯤 되었을 때 생길 수 있는 3,000만 원 정도의 여윳돈이 소액 투자의 시작이라고 볼 수 있다. 그러나 이 역시도 부동산에 쉽게 투자하기는 많이 부족한 금액이다. 그러나 장기적 관점에서 새만금과 같은 국책사업 지역에 접근한다면 불가능한 일도 아니다. 새만금에서도 부안지역은 얼마든지 소액 투자가 가능한 지역이다.

그러나 부안에 답사를 가본다면 많이 실망할 것이다. 허허벌판의 시골도 그런 시골이 없기 때문이다. 부자가 될 것이라는 꿈에 부풀어 현장을 가더라도 '이런 시골이 정말 개발이 된다고?'라며 실망할 것이 분명하다. 그러나 투자는 나무가 아니라 숲을 봐야 한다. 특히 새만금과 같은 대규모 면적, 장시간에 걸친 국책 사업일

부안군청이다. 보통 시청, 군청, 도청 앞에는 상업시설들이 발달되어 있다. 그런데 부안은 가장 도심이라고 할 수 있는 군청 앞에도 3층 이상의 상가건물을 찾아보기 힘들다.

수록 숲을 봐야 한다는 것을 명심하자.

새만금사업이 하나 둘 진행될수록 인근 부동산의 열기도 뜨거워진다. 하지만 새만금이 투자자들 사이에서 주목을 받기 시작한 것은 얼마 되지 않았다. 2013년 9월 새만금 개발청이 출범하기 전까지만 해도 사람들은 '정말 될까?' 하며 반신반의 했는데, 그럴 만도 한 것이 새만금종합개발사업이 1989년 발표되었으니 올해로 28년이나 흐른 것이다. 하지만 새만금은 28살 청년답게 현재 매우 활발한 사업진행을 보여주고 있다. 하루하루 달라져가는 새만금을 보고 있노라면 이미 투자를 한 사람들은 입가에 미소가 가시지 않는다. 반면 이제야 투자를 준비하는 사람들은 조바심을 낸다.

◐ 위 치

전라북도 남서쪽 변산반도에 위치하여 서쪽이 황해에 면해 있는 군이다. 지리적 좌표는 N35°8' ~ E126°8' ~ 126°55'이다. 동쪽은 정읍시와 북쪽은 동진강하구를 경계로 김제시와 남쪽은 곰소만을 경계로 고창군과 인접한다. 서쪽은 황해로 위도면에 속하는 위도, 식도, 정금도, 거륜도, 상왕등도, 하왕등도 등의 섬이 있다.

군청소재지	위도		극단거리		면적	도청거리	
	동경	북위	동서	남북		육로	철로
부안군 부안읍 당산 로91(동중리222-1)	126도 45분	35도 45분	78.5km	25.2km	493.35㎢	44.2km	56.6km

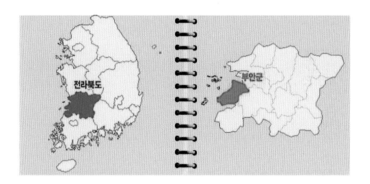

◐ 면적 및 행정구역

(면적)

전국	전라북도	부안군	비율	
			전국	전북
99.646㎢	8.055㎢	493.35㎢	0.49%	6.1%

(행정구역)

읍	면	법정리	행정리(마을)	반
1	12	99	510	1.124

출처 : 부안군 홈페이지[http://www.buan.go.kr/]

투자를 준비하는 사람들 입장에서 새만금은 발등의 불처럼 여겨질 수 있으나 유행을 따라가듯 투자를 하는 그들의 모습을 보고 있노라면 심장이 덜컥 내려앉을 정도로 불안하다.

개발이 한창 진행 중인 새만금

하지만 아무리 급하더라도 다음과 같은 세 가지는 꼭 확인해야 한다.

첫째, 용도지역을 확인해라. 새만금이 하루하루 달라진다고 하지만, 투자할 만한 새만금 부동산은 아직 허허벌판이다. 현장감이 수도권 산업단지나 아파트 공사 현

온통 주위가 논뿐인 지역이 많다.

장처럼 액티브하지 않다. 사방을 둘러봐도 온통 논뿐이기에 모두 같은 논으로 보일 수는 있으나 다르다는 점을 명심하자. 겉보기에는 같은 논이라도 시간이 지난 후 개발에 따라 토지의 가치가 달라지기 때문이다. 따라서 투자 전 '용도지역'의 확인은 필수다.

둘째, 군산, 김제보다는 부안에 투자해라. 새만금사업은 군산, 김

제, 부안일대를 중심으로 개발된다. 그럼에도 부안을 강조하는 이유는 앞으로의 투자가치가 가장 높은 지역이기 때문이다. 그러나 부안에서도 세부적으로 살펴볼 필요가 있는데, 변산면, 하서면, 상서면, 계화면 일대는 새만금 사업의 직접적 수혜지로 구분된다.

이들 지역에는 훗날 펜션 등의 관광객을 대상으로 하는 개발 사업을 해도 좋다. 동진면, 주산면, 백산면은 부안 시내와 가까워 인구유입으로 활성화 될 상업시설 및 주거지역으로 발전을 기대해도 좋다. 또 고마제 수변테마파크는 부안 자체적으로 큰 투자자금을 들인 개발이기에 새만금사업보다 빨리 이 지역일대가 활성화될 것이다. 더불어 서해안고속도로를 따라 위치한 줄포, 보안면 일대는 귀농, 귀촌지역으로 상당히 메리트가 있다.

셋째, 도로 주변에 투자하라. 새만금은 크게 3개의 동서, 남북 도로를 기점으로 조성되고 있다. 부안나들목을 지나 메인도로가 되는 30번 국도, 군산공항으로 직행하게 될 705번 지방도 역시 주요 도로가 될 곳이다. 특히 남북3축 도로이자, 705번 도로가 위치한 동진면 동전리 일대는 부안 개발촉진지구에 해당하니 눈여겨보는 것이 좋다.

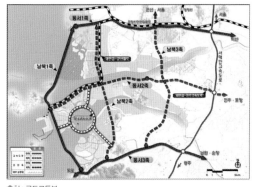

출처 : 국토교통부

필자의 투자 사례를 살펴보자. 소개할 사례는 백련리 투자다. 백련리는 새만금 개발지역 중에서도 인기가 좋은 지역이라 환금성이 뛰어나다. 새만금 개발지와 1Km 이내에 위치하고, 인근에는 신재생 에너지 테마파크와 동서3축 도로가 700m 거리라 현장감이 좋다. 앞쪽으로는 새만금 명품 관광단지, 남쪽으로는 변산반도 국립공원이 감싸고 있어 추후 전원주택, 음식점 등으로 활용 시 유리하다. 또한 투자처 앞에 계곡도 있고, 조망이 좋아 세컨드 하우스로도 활용이 가능하다. 이처럼 개발지와 가까운 지역은 외지인이 선호하는 지역이다.

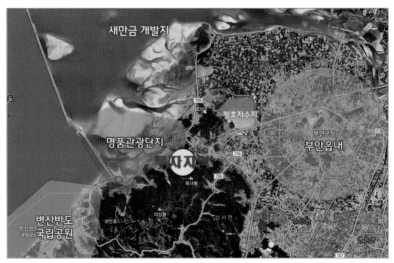

백련리

해당 토지는 하천이 도로를 막고 있는 맹지였다. 그래서 투자자들에게 외면 받는 토지다. 당시 주변 비슷한 규모의 도로를 낀 토지는 8~9천만 원에 거래가

다리를 놓으면 맹지의 탈출이 가능하다.

이루어졌는데, 필자가 투자한 땅은 맹지라는 이유로 4천만 원에 매수가 가능했다. 필자가 해당 토지를 매수한 이유는 하천에 작은 다리를 놓으면 될 것이라는 판단 때문이었는데, 필자의 판단은 정확했다. 다리를 놓는데 천만 원의 비용이 지출되니 총 5천만 원을 투자하는 셈이었지만, 다리를 놓고 나서 시세가 상승했다.

해당 토지는 주변에 변산반도를 끼고 있어 조망이 좋다. 그래서 바지락죽집, 가든부지 등으로 활용하고 싶어 하는 투자자들에게 많은 러브콜을 받고 있다. 현재 최고로 제시받은 금액이 2억 원인데, 최소보유기간이 경과하면 매도할 예정이다.

Chapter 03

기업들에게 선택받은 도시, 당진

서해안 시대를 맞아 서해안 지역의 토지가 주목을 받고 있다. 하지만 서해안 지역은 워낙 광범위하기 때문에 어디를 어떻게 투자해야 할지 갈피를 못 잡는 투자자가 대부분이다. 필자는 고향이 충남 서산이다 보니 자연스레 서해안에 관심을 가져 서산, 당진, 새만금을 중심으로 투자한다. 고향이다 보니 서산이 가장 애착 가는 지역이지만, 실제 토지의 투자측면에서는 당진보다 투자가치가 떨어진다.

서해안 고속도로의 개통 전에는 서산시가 당진시보다 인구도 많고 대산 산업단지가 활성화되기도 했지만, 서산은 수도권과의 접근성으로 인한 한계를 보였다. 하지만 당진은 현대제철이 들어오면서 서해안 충남지역 최고의 투자처로 떠올랐다. 당진의 토지가

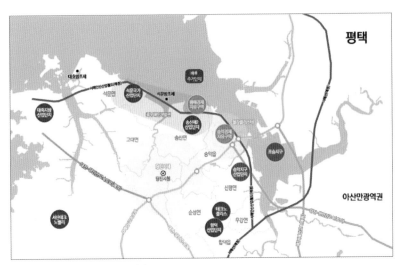

당진은 산업단지들이 감싸고 있다.

격은 매년 10% 이상 오르고 있으며 유망지역은 1년에 두 배 넘게 상승하는 곳도 적지 않다. 그래서 당진은 필자와 같은 땅꾼들이 가장 좋아하는 지역이다.

당진은 35번 국도를 기준으로 '북당진'과 '남당진'으로 나뉜다. 현대제철, 석문국가산업단지가 집중된 석문면, 송악읍, 송산면 등의 북당진은 그동안 높은 지가 상승을 보인 대표적인 지역이다. 따라서 상대적으로 지가가 저렴한 남당진을 주목할 필요가 있다. 남당진의 시세는 북당진의 절반 정도라고 보면 된다. 신평면, 합덕읍 등은 경기도와 충청권의 경계인 서해대교와 바로 접해 있는데다, 수도권과의 접근성도 뛰어나 북당진의 수요 대체가 충분히 가능한 지역이다.

석문국가산업단지는 계속 확장 중이다.

당진의 가장 큰 호재는 현대제철이며 하청업체, 협력업체가 계속 이전 중에 있고, 석문면 삼봉리, 고대면 성산리에 석문국가산업단지 1,157만㎡가 추가로 개발 중이며 남부에는 서해안 복선전철인 합덕 역세권까지 개발이 되어 서산과의 편차는 점점 늘어날 것이다. 합덕 역세권에는 5천만 원대의 토지 매물이 있어 아직도 얼마든지 소액 투자가 가능하다.

Chapter 04

평택, 21세기 동북아시대
종합무역항으로 거듭난다

삼성전자가 고덕 산업단지에 세계 최대 규모의 반도체 생산라인을 건설 중인데, 국내 대기업의 단일 투자로는 역대 최대 규모다. 그외에도 서해선 복선전철, 고덕 국제화 신도시 개발, 포승 국가산업단지, 주한미군기지 이전, 수서-평택 KTX노선 개통 등 평택의 개발 호재는 넘쳐나고 있다. 특히 평택이 주목받는 이유는 평택항이 중국 연안산업벨트와 가장 최단거리에 위치해 동북아 경제권의 수송거점으로 지목받고 있기 때문이다. 하지만 이렇게 각종 호재가 넘쳐나다 보니 평택의 부동산 가격이 많이 상승해 투자로서는 더 이상 가치가 없다는 생각을 가질 것이다. 하지만 기회는 얼마든지 있다.

필자의 투자 사례는 안중읍 대반리에 위치한 토지다. 안중읍은

안중역 예정지에서 1Km에 위치한 토지다.

서해안 복선전철 안중역 예정지라 투자자들이 선호하는 지역이다. 더불어 미군기지와도 가깝고 향후 평택항의 배후 주거지역으로 성장이 예상되며, 현재 꾸준히 인구가 유입 중에 있다.

지목은 전(계획관리지역)으로 주변시세가 $3.3m^2$당 100만 원인데 반해, 필자는 70만 원에 매수했다. 추후 원룸, 상가, 음식점, 외국인전용 렌탈하우스 등 다양한 활용이 가능한 알짜배기 토지다.

필자가 투자한 토지

Chapter 05

사람은 한양으로,
투자자는 제주도로

'말은 제주로, 사람은 한양으로 보내라'는 옛 속담이 있었다. 하지만 이젠 말이 아닌 투자자를 제주도로 보내야 한다. 국토교통부가 2016년 발표한 공시지가를 살펴보면, 가장 많이 상승한 곳이 제주도로 전년 대비 19.35%나 상승했다. 이는 외국인의 투자증가 및 혁신도시 개발, 신공항 입지 발표 등의 호재 때문이다. 그 중 최고의 이슈는 2015년 11월 10일 발표된 신공항 입지 발표다.

제주특별자치도는 늘어나는 관광수요를 현재의 제주공항에서는 감당할 수 없다는 판단에 기존공항을 확장할지 신공항을 건설할지에 대해 고민해왔다. 그러나 많은 이들이 제2공항의 필요성을 주장해왔고, 그 후보지로는 대정읍, 성산리, 구좌읍, 남원읍 등이 거론되었다. 필자 역시 이러한 호재들을 눈여겨본 것도 사실이다.

그런데 한 가지 의문이 든다. 신공항 입지 근처의 토지는 큰 시세차익을 기대할 수 있다. 그러나 신공항 후보지로서 거론된 나머지 지역들의 토지 투자는 가치가 전혀 없는 것일까?

보통 대형 개발사업으로 도시가 만들어지고, 인구가 유입되어 지역활성화가 이루어지는 것은 국토개발계획이 순차적으로 진행되기 때문이다. 그러나 제주도는 조금 다른 케이스다. 제주도의 신공항은 필요에 의해 필연적으로 만들어졌다. 그리고 제주도는 그 자체가 토지 투자가치가 높은 지역이기에 신공항 주변의 토지에만 투자해야 한다는 것은 잘못된 생각이다.

제주도의 투자는 아직도 가능성 높은 재테크이기에 올바른 정보를 근거로, 멀리 내다보는 투자를 해야 한다. 필자는 제주도 투자에 대해 많은 질문을 받는데, 필자가 판단하기에 제주도 투자의 미래는 한동안 밝다. 물론 일각에서는 신공항, 중국인 관광객 증가 등으로 '거품'이 낀 것 아니냐는 주장도 있다. 물론 호재인 개발사업의 규모가 크고, 이미 완료되어 눈으로 볼 수 있는 것들이 많기에, 현재 제주도의 토지 거래에 과열양상은 사실이다.

그러나 여러 장점들이 가득한 제주도이기에, 제주도의 토지 투자는 아직도 최고의 재테크라고 단언할 수 있는데, 이는 다음과 같은 제주도의 장점 때문이다.

첫째, 제주도는 유행을 타지 않는 우리나라의 대표적 관광지다. 특히 투자자 입장에서 다른 관광지보다 제주도가 더 좋은 이유는 계절의 영향을 받지 않는다는 특징이다. 예를 들어, 해수욕장을 떠올려보면 여름 휴가기간 숙박비가 30만 원을 줘도 하룻밤 머물기가 힘들지만, 평소에는 5~10만 원으로 떨어진다. 이것이 관광지의 성수기 현상이라는 것인데, 숙박업자 입장에서는 이 시기가 아니면 돈을 벌기가 어려워 과도하게 높은 금액으로 1년 장사를 한다. 그러나 제주도는 1년 365일 관광객이 꾸준한 지역이다. 토지라는 한정자원을 가진 입장에서 매도할 때를 고려해야 하는데, 제주도는 워낙 개발 가능한 땅이 적어서 이러한 지역적 특성을 눈여겨보는 사업자들이 줄지어 서 있다.

둘째, 젊은 사업이 가득하다. 제주도의 주요사업을 살펴보면 젊은 사업들이 눈에 띈다. 예를 들어 영어교육도시는 학생과 학부모라는 유입인구를 늘려놓았다. 새로이 유입된 이들은 중산층 이상으로 제주도의 소비문화에도 좋은 영향을 미쳤다. 첨단과학기술단지는 IT 등 첨단산업 발전을 위한 사업지원 등이 이루어지는 곳으로, 국내 대표 포털이자 메신저 서비스를 제공하는 다음카카오 본사 역시 이곳에 위치한다. 이들 사업의 발달은 젊은 층의 유입과 지역경제 활성화에 큰 영향을 끼치고 있다.

셋째, 제한된 토지다. 제주도는 다양한 개발호재와 늘어나는 관광수요, 귀농 및 귀촌인구 증가라는 현실에 비해 토지가 제한되어 있다. 섬이라는 지역적 특성으로 해안가를 중심으로 발달되어 있는데, 해안가를 조금만 벗어나도 상수도 등의 구축비용이 많이 발생된다. 실제로 제주에서 개발 가능한 땅은 전체 면적의 35% 정도에 불과하다.

이처럼 제주도의 투자 가치가 높다 보니 토지 품귀현상이 일어나고 있다. 그렇다면 어떠한 방법으로 제주도에 투자해야 하는가? 공동투자 시 비교적 소액으로 투자가 가능하다. 필자 역시 제주도의 소액 투자 시 공동투자를 이용해 접근한다. 필자의 예를 살펴보자. 필자가 투자한 지역은 저지리다. 동쪽으로는 한라산, 서쪽으로는 먼바다 조망(아무리 먼바다 조망이라도 이것이 가능한 투자처는 매우 귀하다)이 가능해 경관이 매우 좋다. 협재해수욕장과 5분 거리에 위치하고, 제주도 필수 여행코스인 예술인마을, 생각하는 정원, 유리의 성도 인근에 위치한다. 제주도 남북을 잇는 1136도로(한림~대정) 및 동서를 잇는 용금로와 인접해 있다(이 토지의 경우 양쪽에서 진입이 가능하다). 토지 바로 뒤쪽으로는 저지오름(올레길)이 있는데 많은 관광객가 주민들이 이용 중에 있다. 계획관리지역으로 규제가 적어 활용도가 풍부하며 2018년 신화역사공원, 2021년 국제영어교육도시가 완공되면 개발여파로 지가상승이 기대된다.

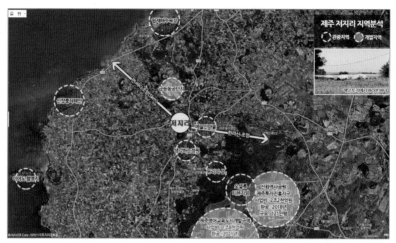

먼바다와 한라산 조망이 가능하다.

당시 9억 6,900만 원에 매수했는데, 8명이서 공동투자를 했다.
인당 투자금액은 1억 2천만 원인데 대출을 활용해 실제 투자금액
5천만 원 미만인 셈이다.

필자가 공동투자한 저지리 토지

Chapter 06

미사 신도시,
아직 막차는 있다

경기도 하남에 위치한 미사 신도시는 투자자들에게 각광받은 투자 지역이다. 하지만 10여 년 전 부터 인기가 있었기에 투자에 다소 늦은 감이 없지 않다. 상당히 가격이 오르기는 했으나 아직까지 투자 기회는 남아 있는데, 분양권 투자의 경우 2019년 전에 빠져나온다는 전제로 올해가 마지막 기회라고 생각된다. 단, 분양권의 특징이 분양계약 체결 후 상승세를 타며, 입주 3개월 전부터 거래가 활발해지다 입주 완료 후 1개월이 경과하면 정점을 찍기에, 분양권의 투자 적기는 분양계약 직후와 입주 6개월 전이다. 그리고 분양권 거래 시 소위 '떳다방'으로 불리는 무허가 업체와 거래해서는 안 되고, 인근지역의 공인중개사와 거래를 해야만 피해를 보지 않는다.

공사 진행중인 미사신도시   하남 스타필드

미사 신도시는 강동과 인접하고, 차량 이용 시 강남까지 20분, 송파까지 15분이면 갈 수 있는 지리적 장점이 있다. 교통과 관련한 장점을 추가로 살펴보면, 지하철 5호선은 하남 미사까지 연장 공사 중에 있고, 9호선 역시 연장 노선도에서 5단계 연장 구간으로 하남 미사가 검토되고 있다. 신세계에서 투자한 대형아웃렛(하남 스타필드)도 2016년 6월 완공예정이기에, 판교보다 더 부흥할 수 있는 지역으로 예상된다. 특히 대단지 아파트 중심에 조성되는 수변테마파크(워터파크, 캠핑장, 근린공원)는 랜드마크 역할을 할 것이고, 주변으로 카페거리가 형성될 것으로 예상된다.

단, 미사신도시는 주거에 초점을 맞춘 신도시이기에 업무지구가 크지 않아 오피스텔 투자에는 적합하지 않다. 상업시설 역시 비중이 높지는 않으나, 롯데백화점 등 대형 쇼핑센터가 들어올 예정으로, 상가 투자 시에도 상당한 입지분석과 유동인구 계산이 필요하다.

1970년대 은행의 평균 예금금리는 약 25%였다. 1980년대 다소 금리가 인하되었어도 여전히 20%를 상회했다. 1990년대 10%중반까지 떨어졌지만 IMF시기 다시 30%까지 치솟기도 했다. 예금금리가 20%라고 가정해보자. 은행에 1억 원만 예금하면 매년 2천만 원의 이자소득이 생긴다. 만약 10억 원이면 2억 원의 이자소득이 생긴다. 지금이야 연봉 2억 원을 받는 고소득자가 흔한 세상이 되었지만 당시 500만 원이면 중형차를 살 수 있는 세상이었기에 지금의 2억 원과는 비교할 수 없는 금액일 것이다.

그렇기 때문에 당시 부모님 세대들의 재테크는 조금이라도 이자가 비싼 은행을 찾아내기만 하면 될 정도로 간단했고, 실제 은행 예·적금을 통해 자산을 불려나갔다. 그래서 지금도 당신들은 은행 예·적금이 최고의 재테크라고 생각하며, 틈만 나면 자식들에게도 은행에 돈을 맡기라고 부추긴다. 하지만 세상이 변했다. 2016년 2월 기준 저축은행 금리는 2.2%다. 3천만 원의 이자수익은 월 55,000원에 불과하다. 이마저도 소득세와 주민세 등의 세금을 제하면 훨씬 줄어들 것이다.

필자의 지인 중 수백억 원의 자산을 보유한 老투자자가 있다. 하지만 그도 처음부터 큰손투자자는 아니었다. 그는 IMF 직전 수십 년을 근무한 회사를 정년퇴직하며 3억 원의 퇴직금을 수령했다. 함께 정년퇴직한 동기들은 퇴직금으로 프랜차이즈 치킨가게 또는 빵가게 등을 창업했는데 그는 창업이 불안해 퇴직금을 온전히 은행에 넣어뒀다. 그러던 중 IMF 사태가 발생했고, 함께 정년퇴직한 동기들은 순식간에 퇴직금을 날렸다. 다행히 그의 퇴직금은 은행에 안전히 보관 중이었고, 치솟은 금리로 인해 연 9천만 원의 이자소득까지 얻을 수 있었다.

하지만 수십억 원의 자산가가 된 그의 생각은 달랐다. 당시 은행이자가 30%에 달했더라도 물가상승률 역시 그와 마찬가지였기에 이자소득은 '빛 좋은 개살구'에 불과하다고 판단했다. 모든 이들이 은행에 돈을 맡기던 그 시절, 그는 은행의 적금을 모두 해지했다. 적금 해지를 한 저녁 날에는 지점장까지 찾아와 요즘 시기에 은행보다 안전한 투자처는 없다고 그를 설득했다. 하지만 물가가 상승하는 시기의 은행이자는 신기루에 불과하고, 부동산 가격이 폭락한 지금이야 말로 부동산 투자의 적기라는 그의 신념은 확고했다.

그가 부동산 투자 성공에 확신을 가질 수 있었던 이유는 부동산이 더 폭락을 하게 된다면 부동산 담보대출로 인해 은행 역시 안전할 수 없기에 국가경제 자체가 마비될 것이고, 그런 이유로 국가가 부동산 폭락만큼은 막을 것이라고 생각했기 때문이다. 그는 적금을 해지한 투자금으로 반 토막난 잠실의 빌라들을 담보대출을 이용해 10여 채 이상 매수했다. 아니나 다를까 반 토막난 부동산 가격이 금세 원래 가격으로 회복하더니 얼마 안 가 폭등하기 시작했다. 지역을 바꿔 몇 번의 투자를 반복한 결과 지금의 그는 수백억 원의 가격을 자랑하는 빌딩 주인이 되었다.

그런데 그가 그런 확신을 가지게 된 계기는 무엇인가. 정년퇴직 후 치킨가게를 창업했던 다른 이들이 현재 비참한 노후를 보내는 것과는 반대로 그는 수백억 원의 자산가가 되었는데, 그를 수백억 원의 자산가로 만들어준 것은 바로 부동산 투자 관련 세미나들이다. 은퇴를 앞두고 틈틈이 참석했던 부동산 투자 관련 세미나에서 얻은 정보가 그를 수백억 원대의 부자로 만들어준 것이다.

하지만 대부분의 소시민들은 만약 누가 부동산 투자로 얼마만큼의 돈을 벌었다는 얘기를 들으면 투기꾼으로 비하할 뿐이지, 그들의 노하우에는 도통 관심이 없다. 이는 부동산 투자에 대한 두려움 때문일 것이다. 두려움은 확신이 없을 때 생겨난다. 하지만 부동산 투자는 과거, 현재, 미래의 연속이다. 지금 당장 시장을 예측할 수 없더라도 성공한 투자자들을 따라다니며 배우다 보면, 그들과 같은 생각으로 판단하는 훈련을 해, 자신도 모르는 사이 투자에 대한 안목이 생길 것이다.

지식이 없는 투자는 투기에 불과하다. 지식 없는 투자가 어쩌다

모 신문사에서 개최한 세미나에서 강의 중인 필자

운 좋게 성공하더라도 그것은 1회성 성공에 불과하고, 그마저도 다음 투자에서 모두 잃게 될 것이다. 자본주의사회에서 성공하기 위해서는 남들보다 많이 공부해야 한다. 대학교, 대학원을 말하는 것이 아니다. 투자에 대한 공부를 말하는 것이다. 필자가 추천하는 최고의 투자 공부는 부동산 투자 관련 각종 세미나에 참석하는 것이다. 투자 세미나에 참석하다 보면 어느 순간 거시적인 안목에서 시장을 내다보는 자신을 발견할 수 있을 것이다. 즉 투자의 방향성을 키울 수 있는 힘을 기르게 되는 것이다.

지금 당장 인터넷에 접속해라. 수많은 세미나 정보를 얻을 수 있을 것이다. 하지만 몇 번의 세미나 참석만으로는 당신이 원하는 모든 정보를 얻을 수 없다. 이는 투자가 아직 당신에게 익숙하지 않기 때문이다. 기회는 얼마든지 있으니 투자는 잠시 미뤄도 된다.

조급해하지 말고 투자가 익숙해질 때까지 계속해 세미나에 참석해야 한다. 당신이 세미나에서 만나게 될 많은 사람들을 통해 새로운 정보와 지식을 쌓다보면 지금 3천만 원 이하의 소액 투자처만 기웃거리던 당신도 언젠가는 수백억 원의 빌딩 주인이 될 수 있을 것이다.

본 책의 내용에 대해 의견이나 질문이 있으면
전화(02)360-4565, 이메일 dodreamedia@naver.com을 이용해주십시오.
의견을 적극 수렴하겠습니다.

대박땅꾼 전은규 훔쳐서라도 배워야 할 부동산 투자 교과서

제1판 1쇄 발행 | 2016년 8월 15일
제1판 9쇄 발행 | 2017년 8월 1일

지은이 | 전은규
펴낸이 | 고광철
펴낸곳 | 한국경제신문 *i*
기획·편집 | 두드림미디어

주소 | 서울특별시 중구 청파로 463
기획출판팀 | 02-3604-565
영업마케팅팀 | 02-3604-595, 583 FAX | 02-3604-599
E-mail | dodreamedia@naver.com
등록 | 제 2-315(1967. 5. 15)

ISBN 978-89-475-4085-8 03320